Formeln, Tabellen und Schaltzeichen
für elektrotechnische Berufe
mit umgestellten Formeln

Teil I: Formeln mit Umstellung nach allen Unbekannten

Teil II: Tabellen

Teil III: Schaltzeichen; Kennzeichnung elektrischer Betriebsmittel

Teil IV: GW-BASIC®- und MS-DOS®-Befehlsübersicht

von Wolfgang Brandt und Theodor Mölder

Dähmlow 7120

2

Für die freundliche Überlassung von Grafiken danken Verlag und Autoren folgenden Firmen:

– Verlags- und Wirtschaftsgesellschaft der Elektrizitätswerke m. b. H. – VWEW, Frankfurt/Main

– VEW Westfalen AG, Dortmund

Die Schaltzeichen wurden mit Erlaubnis des DIN-Instituts für Normung wiedergegeben.
Maßgebend für das Anwenden der Norm ist deren Fassung mit dem neuesten Ausgabedatum. Sie ist bei der Beuth Verlag GmbH, Berlin, erhältlich.

Dähmlow Verlag
Fuggerstraße 7 · 51149 Köln
Dähmlow ist ein Verlag der Stam GmbH.

ISBN 3-8239-**7120**-4

© Copyright 1995: Verlag H. Stam GmbH · Köln

Viele **Pluspunkte** sprechen für den Einsatz dieses Buches im Unterricht.

⊕ Es eignet sich für die Vorbereitung von Klassenarbeiten und von Zwischen- und Abschlußprüfungen in den Elektroberufen.

⊕ Durch die umgestellten Formeln bietet es Sicherheit bei der Anfertigung Ihrer Hausarbeiten und bei der Arbeit im Fachunterricht.

⊕ Der Umgang mit den umgestellten Formeln verbessert Ihre Fähigkeiten, Gleichungen umzustellen.

⊕ Die **Formeln, Tabellen** und **Schaltzeichen** bieten Ihnen eine Arbeitshilfe in nahezu allen Gebieten des elektrotechnischen Fachunterrichts.

⊕ ⊕ ⊕ Viele weitere Pluspunkte werden Sie für Ihre praktische Arbeit finden, wenn Sie dieses Nachschlagewerk immer bei sich haben.

Ein Hinweis: Die unter „Einheiten" dargestellten Einheiten stellen **beispielhaft** die gebräuchlichen Grundeinheiten vor — genauso gültig sind natürlich Vielfache und Teile der Einheiten sowie beispielsweise nicht in Deutschland gebräuchliche Einheiten.

Neuss, im Februar 1992,   *Autoren und Verlag*

Teil I
Formeln (mit Umstellung nach allen Unbekannten)

Inhaltsverzeichnis

Inhaltsverzeichnis

8 Inhaltsverzeichnis

10 Inhaltsverzeichnis

Inhaltsverzeichnis

Teil 2 — Tabellen

Inhaltsverzeichnis

16 Inhaltsverzeichnis

Teil 3
Schaltzeichen; Kennzeichnung elektrischer Betriebsmittel

Teil 4 — BASIC- und DOS-Übersicht

Teil I

Formeln

mit Umstellungen nach allen Unbekannten

Dähmlow Verlag

Grundrechenarten

Addition
(Zusammenzählen)

$c = a + b$

    c: Summe
    a: Summand
    b: Summand
    $+$: plus (Rechenzeichen)

Multiplizieren
(Malnehmen)

$c = a \cdot b$

    c: Produkt
    a: Faktor
    b: Faktor
    $\cdot$: mal (Rechenzeichen)

Subtrahieren
(Abziehen)

$c = a - b$

    c: Differenz
    a: Minuend
    b: Subtrahend
    $-$: minus (Rechenzeichen)

Division
(Teilen)

$c = a : b$

    c: Quotient
    a: Dividend
    b: Divisor
    $:$ geteilt durch (Rechenzeichen)

Brucharten

Echte Brüche

z.B. $\dfrac{1}{4}$ Der Nenner ist größer als der Zähler

Unechte Brüche

z.B. $\dfrac{5}{4}$ Der Zähler ist größer als der Nenner

Gemischte Zahlen

z.B. $1\dfrac{1}{4}$ Bestehen aus Ganzen Zahlen und Brüchen

$$\left(1\frac{1}{4} = \frac{1 \cdot 4 + 1}{4} = \frac{4}{4} + \frac{1}{4} = \frac{5}{4}\right)$$

Scheinbrüche

z.B. $\dfrac{4}{1}$ Ganze Zahlen mit dem Nenner 1

Gleichnamige Brüche

z.B. $\dfrac{1}{6}$; $\dfrac{3}{6}$; $\dfrac{4}{6}$ haben **gleiche** Nenner

---

Ungleichnamige Brüche

z.B. $\dfrac{1}{4}$; $\dfrac{1}{3}$; $\dfrac{1}{6}$ haben **ungleiche** Nenner

Allgemeines Rechnen

Bruchrechnen

Gewöhnlicher Bruch

z.B. $\frac{1}{4}$ oder $1 : 4$

1 Der Zähler; er zählt die Teilstücke

4 Der Nenner; er benennt die Aufteilung des Ganzen und gibt dem Bruch den Namen.

— Der Bruchstrich; er trennt Zähler und Nenner und bedeutet „geteilt durch", auch durch das Teilungszeichen : zu ersetzen.

Addition von Brüchen

$$\frac{3}{8} + \frac{5}{8} + \frac{7}{8} = \frac{15}{8} = 1\frac{7}{8}$$

Nur Brüche mit gleichen Nennern addieren.

$$\frac{1}{2} + \frac{3}{4} + \frac{5}{6} = \frac{6}{12} + \frac{9}{12} + \frac{10}{12} = \frac{25}{12} = 2\frac{1}{12}$$

Ungleiche Nenner erst gleichnamig machen.

Subtraktion von Brüchen

$$\frac{8}{9} - \frac{3}{9} = \frac{5}{9}$$

Nur Brüche mit gleichen Nennern subtrahieren.

$$\frac{7}{8} - \frac{1}{6} - \frac{4}{12} = \frac{21}{24} - \frac{4}{24} - \frac{8}{24} = \frac{9}{24} = \frac{3}{8}$$

Ungleiche Nenner erst gleichnamig machen.

Multiplikation von Brüchen

$$\frac{3}{7} \cdot \frac{2}{3} = \frac{3 \cdot 2}{7 \cdot 3} = \frac{6}{21} = \frac{2}{7}$$

Bruch mal Bruch:
nimm Zähler mal Zähler, Nenner mal Nenner mal.

$$6 \cdot \frac{3}{7} = \frac{6 \cdot 3}{7} = \frac{18}{7} = 2\frac{4}{7}$$

Zahl mal Bruch:
nimm Zahl mit Zähler mal.

Bruchrechnen

Division von Brüchen

$$\frac{4}{8} : 2 = \frac{4}{8 \cdot 2} = \frac{4}{16} = \frac{1}{4}$$

Bruch durch Zahl:
nimm Nenner mal Zahl.

$$6 : \frac{3}{4} = \frac{6 \cdot 4}{3} = \frac{24}{3} = 8$$

Zahl durch Bruch:
nimm Zahl mal Kehrwert des Bruches.

$$\frac{2}{5} : \frac{3}{6} = \frac{2 \cdot 6}{5 \cdot 3} = \frac{12}{15} = \frac{4}{5}$$

Bruch durch Bruch:
nimm Bruch mal Kehrwert des 2. Bruches.

Kürzen und Erweitern von Brüchen

Kürzen:

$$\frac{12}{8} = \frac{12 : 4}{8 : 4} = \frac{3}{2} = 1\frac{1}{2}$$

Zähler und Nenner durch **gleiche** Zahl dividieren.

Erweitern:

$$\frac{3}{2} = \frac{3 \cdot 4}{2 \cdot 4} = \frac{12}{8} = 1\frac{4}{8} = 1\frac{1}{2}$$

Zähler und Nenner mit **gleicher** Zahl multiplizieren.

Umstellen von Formeln

Hinweise zum Umstellen von Formeln
(Sie sind weniger mathematisch, sondern mehr umgangssprachlich formuliert):

1. Wenn ein Summand mit positivem Vorzeichen auf die andere Gleichungsseite gebracht wird, erhält er auf der anderen Gleichungsseite ein negatives Vorzeichen (siehe **Beispiel 1** auf der folgenden Seite).

2. Wenn ein Summand mit negativem Vorzeichen auf die andere Gleichungsseite gebracht wird, erhält er auf der anderen Gleichungsseite ein positives Vorzeichen (siehe **Beispiel 2** auf der folgenden Seite).

3. Wenn der Nennerterm auf die andere Gleichungsseite gebracht wird, so wird er auf der anderen Gleichungsseite zum Multiplikator der anderen Gleichungsseite (siehe **Beispiel 3** auf der folgenden Seite).

4. Wenn ein Zählerterm z.B. von der linken Gleichungsseite auf die andere Gleichungsseite gebracht wird, so wird er auf der anderen Gleichungsseite zum Divisor der anderen Gleichungsseite (siehe **Beispiel 4** auf der folgenden Seite).

Vergessen Sie nicht, den Zähler mit dem Wert 1 auf der linken Gleichungsseite! Bilden Sie anschließend auf beiden Seiten den Kehrwert!

5. Eine Summe oder Differenz in Klammern wird mit einer Zahl multipliziert, indem jeder Summand mit der Zahl multipliziert wird (siehe **Beispiel 5** auf der folgenden Seite).

6. Zwei Klammern mit Summen oder Differenzen werden miteinander multipliziert, indem jeder Summand der einen Klammer mit jedem Summand der anderen Klammer multipliziert wird (siehe **Beispiel 6** auf der folgenden Seite).

7. Ein + (Plus)-Zeichen vor einer Klammer mit Summen oder Differenzen kann bei Auflösen der Klammer wegfallen (siehe **Beispiel 7** auf der folgenden Seite).

8. Ein — (Minus)-Zeichen vor einer Klammer mit Summen oder Differenzen ändert beim Auflösen der Klammer die Vorzeichen der Zahlen in der Klammer (siehe **Beispiel 8** auf der folgenden Seite).

Vorzeichenregeln, Umstellen von Formeln

Vorzeichenregeln

$(+a) \cdot (+a) = a^2$ Das Produkt zweier Faktoren mit positiven Vorzeichen ist positiv.

$(-a) \cdot (-a) = a^2$ Das Produkt zweier Faktoren mit negativen Vorzeichen ist positiv.

$(+a) \cdot (-a) = -a^2$ Das Produkt zweier Faktoren mit unterschiedlichen Vorzeichen ist negativ.

$(-a) \cdot (+a) = -a^2$ Das Produkt zweier Faktoren mit unterschiedlichen Vorzeichen ist negativ.

Beispiele zum Umstellen von Formeln

Beispiel 1. $F_1 + F_2 = F$

$$F_1 = F - F_2$$

Beispiel 2. $F - F_2 = F_1$

$$F = F_1 + F_2$$

Beispiel 3. $\dfrac{I_1}{I_2} = \dfrac{R_2}{R_1}$ $I_1 = \dfrac{R_2 \cdot I_2}{R_1}$

Beispiel 4. $\dfrac{I_1}{I_2} = \dfrac{R_2}{R_1}$ $\dfrac{1}{I_2} = \dfrac{R_2}{R_1 \cdot I_1}$

$$I_2 = \frac{R_1 \cdot I_1}{R_2}$$

Beispiel 5. $3 \cdot (a + b)$ $= 3 \cdot a + + 3 \cdot b = 3a + 3b$
$\qquad\qquad 4 \cdot (a - b)$ $= 4a - 4b = 4a - 4b$

Beispiel 6. $(a + b) \cdot (a + b) = a \cdot a + a \cdot b + b \cdot a + b \cdot b$
$$= a^2 + 2ab + b^2$$

$\qquad\qquad (a - b) \cdot (a - b) = a \cdot a - a \cdot b - b \cdot a + b \cdot b$
$$= a^2 - 2ab + b^2$$

Beispiel 7. $a + (b + c)$ $= a + b + c$

Beispiel 8. $a - (b + c)$ $= a - b - c$

Rechnen mit Formeln

Einheitengleichungen

Grundsatz: Die Zahlenwerte werden mit den zugehörigen Einheiten in die Gleichungen eingesetzt.

Beispiel 1:
(Hebelarmberechnung)

$F_1 = 200$ N

$F_2 = 80$ N

$l_1 = 0.5$ m

$l_2 = ?$

$$l_2 = \frac{F_1 \cdot l_1}{F_2}$$

$$l_2 = \frac{200 \text{ N} \cdot 0.5 \text{ m}}{80 \text{ N}}$$

$$l_2 = \frac{200 \cdot 0.5}{80} \quad \frac{\text{N} \cdot \text{m}}{\text{N}}$$

$$l_2 = 1.25 \frac{\text{N} \cdot \text{m}}{\text{N}}$$

$$l_2 = 1.25 \text{ m}$$

Beispiel 2:
(Gewichtsberechnung)

$\varrho = 8$ kg/dm^3

$l = 12$ dm

$S = 0.5$ dm^2

$G = ?$

$$G = \varrho \cdot l \cdot S$$

$$G = 8 \frac{\text{kg}}{\text{dm}^3} \cdot 12 \text{ dm} \cdot 0.5 \text{ dm}^2$$

$$G = 8 \cdot 12 \cdot 0.5 \frac{\text{kg} \cdot \text{dm} \cdot \text{dm}^2}{\text{dm}^3}$$

$$G = 48 \frac{\text{kg} \cdot \text{dm} \cdot \text{dm} \cdot \text{dm}}{\text{dm} \cdot \text{dm} \cdot \text{dm}}$$

$$G = 48 \text{ kg}$$

Kommutativgesetz: $\quad a + b = b + a \qquad a \cdot b = b \cdot a$

Assoziativgesetz: $\quad a + (b + c) = (a + b) + c$

$\qquad\qquad\qquad\quad a \cdot (b \cdot c) = (a \cdot b) \cdot c$

Distributivgesetz: $\quad a \cdot (b + c) = a \cdot b + a \cdot c$

Binomische Formeln (Potenzieren von Summen):

$$(a + b)^2 = a^2 + 2ab + b^2 \qquad (a - b)^2 = a^2 - 2ab + b^2$$
$$(a - b) \cdot (a + b) = a^2 - b^2$$

Potenzen: $\quad a^m \cdot a^n = a^{m+n} \qquad (a^m)^n = a^{mn} = (a^n)^m$

$\qquad\qquad\quad a^m : a^n = a^{m-n}$

$\qquad\qquad\quad a^n \cdot b^n = (a \cdot b)^n$

$\qquad\qquad\quad a^n : b^n = \left(\dfrac{a}{b}\right)^n$

Wurzeln: $\quad \sqrt[n]{a} \cdot \sqrt[n]{b} = \sqrt[n]{ab} \qquad \sqrt[n]{a}^{\,m} = \sqrt[n]{a^m}$

$\qquad\qquad \sqrt[n]{a} : \sqrt[n]{b} = \sqrt[n]{\dfrac{a}{b}} \qquad \sqrt[m]{\sqrt[n]{a}} = \sqrt[mn]{a}$

Umwandlung von Potenzen in Wurzeln und umgekehrt:

$$a^{-n} = \frac{1}{a^n} \qquad a^{\frac{1}{n}} = \sqrt[n]{a} \qquad \sqrt[n]{a} = a^{\frac{1}{n}}$$

$$a^{\frac{m}{n}} = \sqrt[n]{a^m} \qquad a^{-\frac{m}{n}} = \frac{1}{\sqrt[n]{a^m}}$$

Quadratische Gleichungen: $\quad x^2 + px + q = 0 \qquad x_{1/2} = -\frac{p}{2} \pm \sqrt{\left(\frac{p}{2}\right)^2 - q}$

Prozentrechnung (Ermittlung des Prozentwertes)

$$90\,\% \quad \text{von} \quad 1000\,\text{kg} \; = 900\,\text{kg}$$
Prozentsatz   *Grundwert*   *Prozentwert*

$$\text{Prozentwert} = \frac{\text{Grundwert} \cdot \text{Prozentsatz}}{100}$$

Das kleinste gemeinsame Vielfache (kgV, Hauptnenner)

Beispiel:

$8 = 2 \cdot 2 \cdot 2$ Die Zahlen werden in ihre Primfaktoren zerlegt, danach sucht man die größte Anzahl jeder
$12 = 2 \cdot 2 \quad\;\; \cdot 3$ einzelnen Primzahl heraus und multipliziert miteinander.
$18 = 2 \cdot \quad\quad 3 \cdot 3$
k.g.V. $2 \cdot 2 \cdot 2 \cdot 3 \cdot 3 = 72$

Der größte gemeinsame Teiler (ggT)

Beispiel:

$30 = \quad 2 \cdot 3 \cdot \quad 5 \cdot$ Die Zahlen werden in ihre Primfaktoren zerlegt, dann werden die gemeinsam vorkommenden
$70 = \quad 2 \cdot \quad\quad 5 \cdot 7$ Primfaktoren miteinander multipliziert.
$90 = \quad 2 \cdot 3 \cdot 3 \cdot 5$
g.g.T. $\quad 2 \cdot \quad\quad 5 = 10$

Zins-/Prozentrechnung

Benennung/Abbildung	Formel/Formelumstellung	Formelzeichen	Einheiten
Zinsrechnung	$$Z = \frac{K \cdot p \cdot t}{100\ \% \cdot 360\ \text{d}}$$ $$K = \frac{Z \cdot 100\ \% \cdot 360\ \text{d}}{p \cdot t}$$ $$p = \frac{Z \cdot 100\ \% \cdot 360\ \text{d}}{K \cdot t}$$ $$t = \frac{Z \cdot 100\ \% \cdot 360\ \text{d}}{K \cdot p}$$	Z: Zinsen K: Kapital p: Zinsfuß t: Zeit	DM DM % d (Tag)
Prozentrechnung mit der Währung DM	$$Z = \frac{K \cdot p}{100\ \%}$$ $$K = \frac{Z \cdot 100\ \%}{p}$$ $$p = \frac{Z \cdot 100\ \%}{K}$$	Z: Prozentwert K: Grundwert p: Prozentsatz	DM DM %

Benennung/Abbildung	Formel/Formelumstellung	Formelzeichen	Einheiten
Quadrat 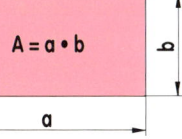	$A = a \cdot a = a^2 \qquad a = \sqrt{A}$	A: Fläche a: Seite a: Seite	mm^2, cm^2, m^2 mm, cm, m mm, cm, m
Rechteck $A = a \cdot b$	$A = a \cdot b$ $a = \dfrac{A}{b} \qquad b = \dfrac{A}{a}$	A: Fläche a: Länge b: Breite	mm^2, cm^2, m^2 mm, cm, m mm, cm, m
Dreieck	$A = \dfrac{g \cdot h}{2}$ $g = \dfrac{A \cdot 2}{h} \qquad h = \dfrac{A \cdot 2}{g}$	A: Fläche g: Grundlinie h: Höhe	mm^2, cm^2, m^2 mm, cm, m mm, cm, m

Benennung/Abbildung	Formel/Formelumstellung	Formelzeichen	Einheiten
Rhombus, Raute, Parallelogramm	$A = a \cdot h$ $a = \dfrac{A}{h} \qquad h = \dfrac{A}{a}$	A: Fläche a: Seite h: Höhe	mm^2, cm^2, m^2 mm, cm, m mm, cm, m
Trapez	$A = \dfrac{(a + b) \cdot h}{2}$ $a = \dfrac{A \cdot 2}{h} - b \qquad b = \dfrac{A \cdot 2}{h} - a$ $h = \dfrac{A \cdot 2}{a + b}$ $A = m \cdot h$ $m = \dfrac{A}{h} \qquad\qquad h = \dfrac{A}{m}$	A: Fläche a: untere Seite b: obere Seite h: Höhe m: Mittellinie	mm^2, cm^2, m^2 mm, cm, m mm, cm, m mm, cm, m mm, cm, m

Benennung/Abbildung	Formel/Formelumstellung	Formelzeichen	Einheiten
Kreis 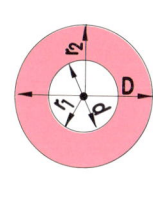	$A = \dfrac{d^2 \cdot \pi}{4}$ $d = \sqrt{\dfrac{A \cdot 4}{\pi}}$ $\pi = 3,14\ldots$ $\dfrac{\pi}{4} = 0,786$ $\dfrac{d^2}{4} = r^2$ $A = d^2 \cdot 0,785$ $d = \sqrt{\dfrac{A}{0,785}}$ $A = r^2 \cdot \pi$ $r = \sqrt{\dfrac{A}{\pi}}$ $d = r \cdot 2$	A: Fläche d: Durchmesser r: Halbmesser, Radius	mm^2, cm^2, m^2 mm, cm, m mm, cm, m
Kreisring	$A_D = \dfrac{D^2 \cdot \pi}{4}$ $D = \sqrt{\dfrac{A_D \cdot 4}{\pi}}$ $A_d = \dfrac{d^2 \cdot \pi}{4}$ $d = \sqrt{\dfrac{A_d \cdot 4}{\pi}}$ $A = A_D - A_d$ $\pi = 3,14\ldots$ $A_D = A + A_d$ $A_d = A_D - A$	A_D: gesamte Fläche D: äußerer Durchmesser A_d: innere Fläche d: innerer Durchmesser A: äußere Fläche	mm^2, cm^2, m^2 mm, cm, m mm^2, cm^2, m^2 mm, cm, m mm^2, cm^2, m^2

Körperberechnung

Benennung/Abbildung	Formel/Formelumstellung	Formelzeichen	Einheiten
Pyramide 	$$V = \frac{A \cdot H}{3}$$ $$A = \frac{V \cdot 3}{H}$$ $$H = \frac{V \cdot 3}{A}$$ $$V = \frac{a^2 \cdot H}{3}$$ $$a = \sqrt{\frac{V \cdot 3}{H}}$$ $$H = \frac{V \cdot 3}{a^2}$$	V: Rauminhalt A: Grundfläche H: Höhe a: Grundseite	mm^3, cm^3, m^3 mm^2, cm^2, m^2 mm, cm, m mm, cm, m

Benennung/Abbildung	Formel/Formelumstellung	Formelzeichen	Einheiten
Zylinder 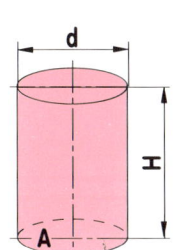	$V = \dfrac{d^2 \cdot \pi \cdot H}{4}$ $\quad d = \sqrt{\dfrac{V \cdot 4}{\pi \cdot H}}$ $H = \dfrac{V \cdot 4}{d^2 \cdot \pi}$ $\pi = 3{,}14...$ $\quad \dfrac{\pi}{4} = 0{,}785$ $\quad \dfrac{d^2}{4} = r^2$ $V = d^2 \cdot 0{,}785 \cdot H$ $d = \sqrt{\dfrac{V}{0{,}785 \cdot H}}$ $\quad H = \dfrac{V}{d^2 \cdot 0{,}785}$ $V = r^2 \cdot \pi \cdot H$ $\quad H = \dfrac{V}{r^2 \cdot \pi}$ $r = \sqrt{\dfrac{V}{\pi \cdot H}}$ $\quad d = r \cdot 2$ $V = A \cdot H$ $\quad A = \dfrac{V}{H}$ $\quad H = \dfrac{V}{A}$	V: Rauminhalt A: Grundfläche H: Höhe d: Durchmesser r: Halbmesser, Radius	mm^3, cm^3, m^3 mm^2, cm^2, m^2 mm, cm, m mm, cm, m mm, cm, m

Körperberechnung

Benennung/Abbildung	Formel/Formelumstellung	Formelzeichen	Einheiten
Kugel 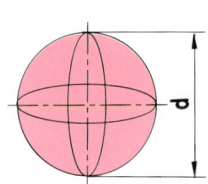	$V = \dfrac{d^3 \cdot \pi}{6}$ $\qquad d = \sqrt[3]{\dfrac{V \cdot 6}{\pi}}$ $\pi = 3,14\ldots$ $O = d^2 \cdot \pi$ $\qquad d = \sqrt{\dfrac{O}{\pi}}$	V: Rauminhalt O: Oberfläche d: Durchmesser	mm^3, cm^3, m^3 mm^2, cm^2, m^2 mm, cm, m
Prisma 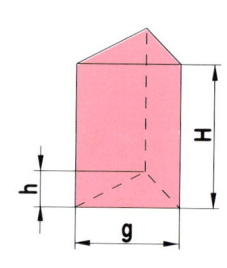	$V = \dfrac{g \cdot h \cdot H}{2}$ $\qquad g = \dfrac{V \cdot 2}{h \cdot H}$ $h = \dfrac{V \cdot 2}{g \cdot H}$ $\qquad H = \dfrac{V \cdot 2}{g \cdot h}$ $V = A \cdot H$ $A = \dfrac{V}{H}$ $\qquad H = \dfrac{V}{A}$	V: Rauminhalt A: Grundfläche H: Höhe g: Grundseite h: Höhe des Dreiecks	mm^3, cm^3, m^3 mm^2, cm^2, m^2 mm, cm, m mm, cm, m mm, cm, m

Benennung/Abbildung	Formel/Formelumstellung	Formelzeichen	Einheiten
Würfel 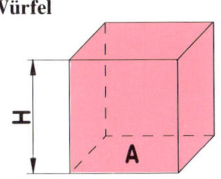	$V = A \cdot H$ $\qquad A = \dfrac{V}{H} \qquad H = \dfrac{V}{A}$ $O = A \cdot 6 \qquad A = \dfrac{O}{6}$	V: Rauminhalt O: Oberfläche A: Grundfläche H: Höhe	mm³, cm³, m³ mm², cm², m² mm², cm², m² mm, cm, m
Kegel 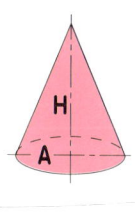	$V = \dfrac{d^2 \cdot \pi \cdot H}{4 \cdot 3}$ $d = \sqrt{\dfrac{V \cdot 4 \cdot 3}{\pi \cdot H}} \qquad H = \dfrac{V \cdot 4 \cdot 3}{d^2 \cdot \pi}$ $\pi = 3,14\ldots \qquad \dfrac{\pi}{4} = 0,785 \qquad \dfrac{d^2}{4} = r^2$ $V = \dfrac{d^2 \cdot 0,785 \cdot H}{3}$	V: Rauminhalt A: Grundfläche H: Höhe d: Durchmesser r: Halbmesser, Radius	mm³, cm³, m³ mm², cm², m² mm, cm, m mm, cm, m mm, cm, m *Fortsetzung*

Benennung/Abbildung	Formel/Formelumstellung	Formelzeichen	Einheiten
Fortsetzung **Kegel**	$d = \sqrt{\dfrac{V \cdot 3}{0{,}785 \cdot H}}$ $H = \dfrac{V \cdot 3}{d^2 \cdot 0{,}785}$ $V = \dfrac{r^2 \cdot \pi \cdot H}{3}$ $r = \sqrt{\dfrac{V \cdot 3}{\pi \cdot H}}$ $H = \dfrac{V \cdot 3}{r^2 \cdot \pi}$ $d = r \cdot 2$ $V = \dfrac{A \cdot H}{3}$ $A = \dfrac{V \cdot 3}{H}$ $H = \dfrac{V \cdot 3}{A}$	V: Rauminhalt A: Grundfläche H: Höhe d: Durchmesser r: Halbmesser, Radius	mm^3, cm^3, m^3 mm^2, cm^2, m^2 mm, cm, m mm, cm, m mm, cm, m

Benennung/Abbildung	Formel/Formelumstellung	Formelzeichen	Einheiten
Kräfte, die in gleicher Richtung wirken	$F = F_1 + F_2$ $F_1 = F - F_2 \qquad F_2 = F - F_1$	F: Gesamtkraft F_1: Kraft 1 F_2: Kraft 2	N (Newton) N N
Kräfte, die in entgegengesetzter Richtung wirken	$F = F_1 - F_2$ $F_1 = F + F_2 \qquad F_2 = F_1 - F$	F: Gesamtkraft F_1: Kraft 1 F_2: Kraft 2	N N N
Kräfte, die unter einem rechten Winkel wirken	$F^2 = F_1^2 + F_2^2 \qquad F = \sqrt{F_1^2 + F_2^2}$ $F_1^2 = F^2 - F_2^2 \qquad F_1 = \sqrt{F^2 - F_2^2}$ $F_2^2 = F^2 - F_1^2 \qquad F_2 = \sqrt{F^2 - F_1^2}$	F: Gesamtkraft F_1: Kraft 1 F_2: Kraft 2	N N N

Benennung/Abbildung	Formel/Formelumstellung	Formelzeichen	Einheiten
Hebel	$$F_1 \cdot l_1 = F_2 \cdot l_2$$ $F_1 = \dfrac{F_2 \cdot l_2}{l_1}$ $l_1 = \dfrac{F_2 \cdot l_2}{F_1}$ $F_2 = \dfrac{F_1 \cdot l_1}{l_2}$ $l_2 = \dfrac{F_1 \cdot l_1}{F_2}$	F_1: Kraft 1 l_1: Hebel 1 F_2: Kraft 2 l_2: Hebel 2	N m N m
Gleitende Reibung	$$F = \mu \cdot F_N$$ $\mu = \dfrac{F}{F_N}$ $F_N = \dfrac{F}{\mu}$	F: Kraft zur Überwindung der Reibung μ: Reibungszahl F_N: Normalkraft (senkrecht zur Fläche wirkende Kraft)	N N
Drehmoment	$$M = F \cdot l$$ $F = \dfrac{M}{l}$ $l = \dfrac{M}{F}$	M: Drehmoment F: Kraft l: Länge des Hebels	Nm (Newtonmeter) N m

Benennung/Abbildung	Formel/Formelumstellung	Formelzeichen	Einheiten
Umfangsgeschwindigkeit 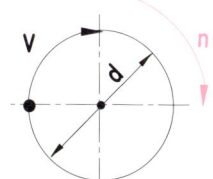	$v = d \cdot \pi \cdot n$ $d = \dfrac{v}{\pi \cdot n} \qquad n = \dfrac{v}{d \cdot \pi}$	v: Umfangs-geschwindigkeit d: Durchmesser eines Rotations-körpers n: Drehfrequenz	$\dfrac{m}{s}$ m $\dfrac{1}{s}$
Winkelgeschwindigkeit 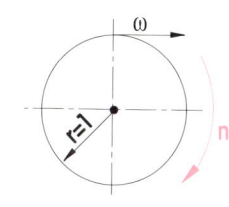	$\omega = 2 \cdot \pi \cdot n$ $n = \dfrac{\omega}{2 \cdot \pi}$	ω: Winkel-geschwindigkeit (Einheitsbogen) n: Umdrehungszahl π: 3,14...	$\dfrac{1}{s}$ $\dfrac{1}{s}$

Benennung/Abbildung	Formel/Formelumstellung	Formelzeichen	Einheiten
Freier Fall 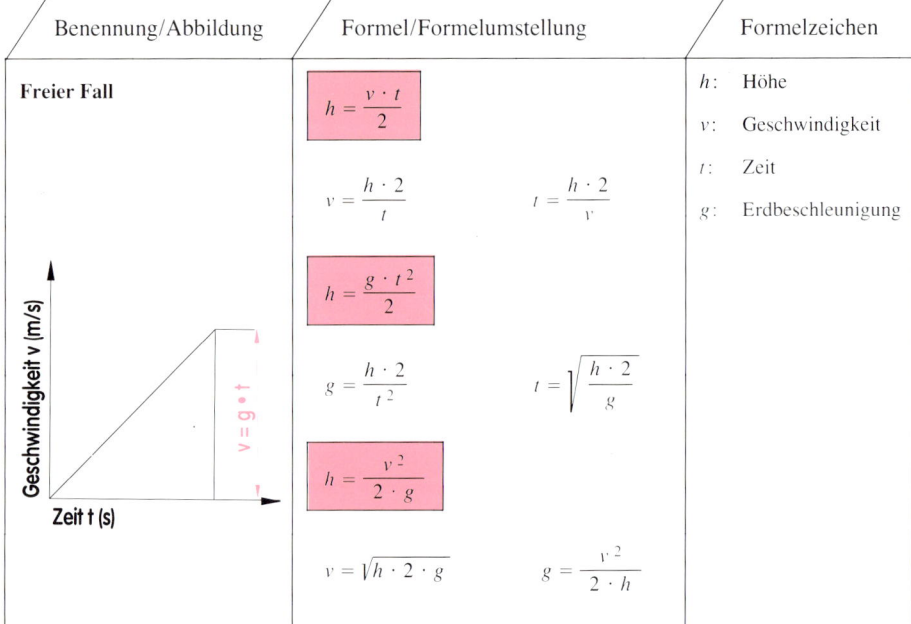	$h = \dfrac{v \cdot t}{2}$ $v = \dfrac{h \cdot 2}{t}$ $t = \dfrac{h \cdot 2}{v}$ $h = \dfrac{g \cdot t^2}{2}$ $g = \dfrac{h \cdot 2}{t^2}$ $t = \sqrt{\dfrac{h \cdot 2}{g}}$ $h = \dfrac{v^2}{2 \cdot g}$ $v = \sqrt{h \cdot 2 \cdot g}$ $g = \dfrac{v^2}{2 \cdot h}$	$h:$ Höhe $v:$ Geschwindigkeit $t:$ Zeit $g:$ Erdbeschleunigung	m $\dfrac{m}{s}$ s $\dfrac{m}{s^2}$

Benennung/Abbildung	Formel/Formelumstellung	Formelzeichen	Einheiten
Kreisförmige Bewegung 	$v = d \cdot \pi \cdot n$ $d = \dfrac{v}{\pi \cdot n} \qquad n = \dfrac{v}{d \cdot \pi}$	$v:$ Umfangs-geschwindigkeit $d:$ Scheibendurch-messer $n:$ Drehzahl $\pi:$ 3,14…	$\dfrac{m}{s}$ m $\dfrac{1}{s}$
Geradlinige Bewegung 	$v = \dfrac{s}{t}$ $s = v \cdot t \qquad t = \dfrac{s}{v}$	$v:$ Geschwindigkeit $s:$ Weg $t:$ Zeit	$\dfrac{m}{s}$ m s

Benennung/Abbildung	Formel/Formelumstellung	Formelzeichen	Einheiten

Gleichmäßige Beschleunigung

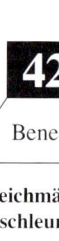

$V = a \cdot t$

$s = \dfrac{a \cdot t^2}{2}$

$$a = \frac{v}{t}$$

$$v = a \cdot t \qquad t = \frac{v}{a}$$

$$s = \frac{a \cdot t^2}{2}$$

$$a = \frac{s \cdot 2}{t^2} \qquad t = \sqrt{\frac{s \cdot 2}{a}}$$

$$v = \sqrt{2 \cdot a \cdot s}$$

$$a = \frac{v^2}{2 \cdot s} \qquad s = \frac{v^2}{2 \cdot a}$$

a: Beschleunigung

v: Geschwindigkeit

t: Zeit
s: Weg

$\dfrac{m}{s^2}$

$\dfrac{m}{s}$

s

m

Größe	Formelzeichen	Einheitenname	Einheitenzeichen	Beziehungen
Länge	l	Mikrometer	μm	1 μm = 0,001 mm
		Millimeter	mm	1 mm = 0,1 cm = 0,01 dm = 0,001 m = 0,000001 km
		Zentimeter	cm	1 cm = 10 mm = 10000 μm
		Dezimeter	dm	1 dm = 10 cm = 100 mm = 100000 μm
		Meter	m	1 m = 10 dm = 100 cm = 1000 mm = 1000000 μm
		Kilometer	km	1 km = 1000 m = 100000 cm = 1000000 mm
Fläche oder Querschnitt	A	Quadratzentimeter	cm^2	1 cm^2 = 100 mm^2
		Quadratdezimeter	dm^2	1 dm^2 = 100 cm^2 = 10000 mm^2
	S	Quadratmeter	m^2	1 m^2 = 100 dm^2 = 10000 cm^2 = 1000000 mm^2
		Ar	a	1 a = 100 m^2
		Hektar	ha	1 ha = 100 a = 10000 m^2
		Quadratkilometer	km^2	1 km^2 = 100 ha = 10000 a = 1000000 m^2
Volumen	V	Kubikzentimeter	cm^3	1 cm^3 = 1000 mm^3 $\triangleq$ 1 ml = 0,001 l
		Kubikdezimeter	dm^3	1 dm^3 = 1000 cm^3 = 1000000 mm^3
		Kubikmeter	m^3	1 m^3 = 1000 dm^3 = 1000000 cm^3
		Milliliter	ml	1 ml = 0,001 l $\triangleq$ 1 cm^3
		Liter	l	1 l = 1000 ml $\triangleq$ 1 dm^3
		Hektoliter	hl	1 hl = 100 l $\triangleq$ 100 dm^3

Beziehungen zwischen Einheiten

Größe	Formel-zeichen	Einheitenname	Einheiten-zeichen	Beziehungen
Ebener Winkel	$\alpha,\beta,$ γ,ϑ	Winkel-Sekunde	$''$	$1'' = \dfrac{1}{60}$
		Winkel-Minute	$'$	$1' = 60''$
		Grad	$^{\circ}$	$1^{\circ} = 60' = 3600'' = \dfrac{\pi}{180}\,\text{rad}$
		Radiant	rad	$1\,\text{rad} = 57{,}2957^{\circ}$
				$1\,\text{rad} = \dfrac{180^{\circ}}{\pi}$
Zeit	t	Sekunde	s	$1\,\text{s} = \dfrac{1}{60}\,\text{min}$
		Minute	min	$1\,\text{min} = 60\,\text{s}$
		Stunde	h	$1\,\text{h} = 60\,\text{min} = 3600\,\text{s}$
		Tag	d	$1\,\text{d} = 24\,\text{h}$
		Jahr	a	$1\,\text{a} \approx 360\,\text{d}$
Drehzahl	n	Eins durch Sekunde	$\dfrac{1}{\text{s}}$	$\dfrac{1}{\text{s}} = \text{s}^{-1} = 60\,\dfrac{1}{\text{min}} = 60\,\text{min}^{-1}$
		Eins durch Minute	$\dfrac{1}{\text{min}}$	$\dfrac{1}{\text{min}} = \text{min}^{-1} = \dfrac{1}{60\,\text{s}} = \dfrac{1}{60}\,\text{s}^{-1}$

Größe	Formel-zeichen	Einheitenname	Einheiten-zeichen	Beziehungen
Geschwin-digkeit	v	Meter durch Sekunde	$\dfrac{m}{s}$	$1\,\dfrac{m}{s} \; - 60\,\dfrac{m}{min} \; - 3600\,\dfrac{m}{h} = 3{,}6\,\dfrac{km}{h}$
		Meter durch Minute	$\dfrac{m}{min}$	$1\,\dfrac{m}{min} = 60\,\dfrac{m}{h} \; = \dfrac{60}{3600}\,\dfrac{m}{s} = \dfrac{1}{60}\,\dfrac{m}{s}$
		Kilometer durch Stunde	$\dfrac{km}{h}$	$1\,\dfrac{km}{h} = \dfrac{1000\,m}{h} = \dfrac{1000}{3600}\,\dfrac{m}{s} = \dfrac{1}{3{,}6}\,\dfrac{m}{s}$
Winkelge-schwindig-keit	ω	Eins durch Sekunde	$\dfrac{1}{s}$	$\omega = 2 \cdot \pi \cdot n, \qquad n \text{ in } \dfrac{1}{s}$
		Radiant durch Sekunde	$\dfrac{rad}{s}$	
Beschleu-nigung	a, g	Meter durch Sekundenquadrat	$\dfrac{m}{s^2}$	$1\,\dfrac{m}{s^2} = 1\,\dfrac{N}{kg} \qquad g = 9{,}81\,\dfrac{m}{s^2}$ (Formelzeichen g nur für Fallbeschleunigung verwenden)
Masse	m	Milligramm	mg	$1\ mg = \dfrac{1}{1000}\ g = 0{,}001\ g$
		Gramm	g	$1\ g\quad = 1000\ mg$
		Kilogramm	kg	$1\ kg\ = 1000\ g\ = 1000000\ mg$
		Tonne	t	$1\ t\quad = 1000\ kg = 1000000\ g$
		Megagramm	Mg	$1\ t\quad = 1\ Mg$

Größe	Formel-zeichen	Einheitenname	Einheiten-zeichen	Beziehungen
Längen-bezogene Masse	m'	Kilogramm durch Meter	$\dfrac{\text{kg}}{\text{m}}$	$1\,\dfrac{\text{kg}}{\text{m}} = 1\,\dfrac{\text{g}}{\text{mm}}$
Flächen-bezogene Masse	m''	Kilogramm durch Meter-quadrat	$\dfrac{\text{kg}}{\text{m}^2}$	$1\,\dfrac{\text{kg}}{\text{m}^2} = 0{,}1\,\dfrac{\text{g}}{\text{cm}^2}$
Dichte	ϱ	Gramm durch Kubikzentimeter	$\dfrac{\text{g}}{\text{cm}^3}$	$1\,\dfrac{\text{g}}{\text{cm}^3} = 1\,\dfrac{\text{kg}}{\text{dm}^3} = 1\,\dfrac{\text{t}}{\text{m}^3} \triangleq 1\,\dfrac{\text{g}}{\text{ml}}$
Kraft Gewichts-kraft	F G F_G	Newton	N	$1\,\text{N} = 1\,\dfrac{\text{J}}{\text{m}} = 1\,\dfrac{\text{kg} \cdot \text{m}}{\text{s}^2}$ $1\,\text{daN} = 10\,\text{N}$
Dreh-moment	M	Newtonmeter	Nm	$1\,\text{Nm} = 1\,\text{J} = 1\,\dfrac{\text{kg} \cdot \text{m}^2}{\text{s}^2}$

Größe	Formel-zeichen	Einheitenname	Einheiten-zeichen	Beziehungen
Druck	p	Pascal	Pa	$1\ \text{Pa} = 1\ \dfrac{\text{N}}{\text{m}^2} = 0{,}01\ \text{mbar} = 1\ \dfrac{\text{kg}}{\text{m} \cdot \text{s}^2}$
		Bar	bar	$1\ \text{bar} = 10\ \dfrac{\text{N}}{\text{cm}^2} = 100000\ \dfrac{\text{N}}{\text{m}^2} = 10^5\ \text{Pa}$
Mechanische Spannung	σ, τ	Newton durch Millimeterquadrat	$\dfrac{\text{N}}{\text{mm}^2}$	$1\ \dfrac{\text{N}}{\text{mm}^2} = 10\ \text{bar} = 1\ \text{MPa}$ $10\ \dfrac{\text{N}}{\text{mm}^2} = 1\ \dfrac{\text{kN}}{\text{cm}^2}$
Arbeit Energie Wärme-menge	W E Q	Wattsekunde Newtonmeter Joule Kilowattstunde Kilojoule Megajoule	Ws Nm J kWh kJ MJ	$1\ \text{Ws} = 1\ \text{Nm} = 1\ \dfrac{\text{kg} \cdot \text{m}^2}{\text{s}^2} = 1\ \text{J}$ $1\ \text{kWh} = 1000\ \text{Wh} = 1000 \cdot 3600\ \text{Ws} = 3{,}6 \cdot 10^6\ \text{Ws}$ $3{,}6 \cdot 10^6\ \text{Ws} = 3{,}6 \cdot 10^3\ \text{kJ} = 3600\ \text{kJ} = 3{,}6\ \text{MJ}$
Leistung	P	Watt Newtonmeter durch Sekunde Joule durch Sekunde	W $\dfrac{\text{Nm}}{\text{s}}$ $\dfrac{\text{J}}{\text{s}}$	$1\ \text{W} = 1\ \dfrac{\text{Nm}}{\text{s}} = 1\ \dfrac{\text{J}}{\text{s}} = 1\ \text{V} \cdot 1\ \text{A} = 1\ \dfrac{\text{kg} \cdot \text{m}^2}{\text{s}^3}$ $1\ \text{kW} = 1000\ \text{W}$ $\quad$ $1\ \text{PS} \approx 0{,}735\ \text{kW}$ $1\ \text{kW} \approx 1{,}36\ \text{PS}$ (veraltete Einheit)

Größe	Formel-zeichen	Einheitenname	Einheiten-zeichen	Beziehungen
Elektrische Spannung	U	Mikrovolt	μV	$1\,\mu\text{V} = 0{,}001\,\text{mV}$
		Millivolt	mV	$1\,\text{mV} = 0{,}001\,\text{V} \quad = 0{,}000001\,\text{kV} = 1 \cdot 10^{-9}\,\text{MV}$
		Volt	V	$1\,\text{V} \quad = 1000\,\text{mV} \quad = 1\,000\,000\,\mu\text{V}$
				$1\,\text{V} \quad = 1\dfrac{\text{J}}{\text{C}} \qquad = 1\dfrac{\text{W}}{\text{A}} = 1\dfrac{\text{kg}\cdot\text{m}^2}{\text{A}\cdot\text{s}^3}$
		Kilovolt	kV	$1\,\text{kV} \quad = 1000\,\text{V} \quad = 1\,000\,000\,\text{mV} = 1 \cdot 10^9\,\mu\text{V}$
		Megavolt	MV	$1\,\text{MV} = 1000\,\text{kV} \quad = 1\,000\,000\,\text{V} = 1 \cdot 10^9\,\text{mV} = 1 \cdot 10^{12}\,\mu\text{V}$
Elektrischer Strom	I	Mikroampere	μA	$1\,\mu\text{A} = 0{,}001\,\text{mA}$
		Milliampere	mA	$1\,\text{mA} = 0{,}001\,\text{A} \quad = 0{,}000001\,\text{kA} = 1 \cdot 10^{-9}\,\text{MA}$
		Ampere	A	$1\,\text{A} \quad = 1000\,\text{mA} \quad = 1\,000\,000\,\mu\text{A} = 1\dfrac{\text{W}}{\text{V}} = 1\,\text{A}$
		Kiloampere	kA	$1\,\text{kA} \quad = 1000\,\text{A} \quad = 1\,000\,000\,\text{mA} = 1 \cdot 10^9\,\mu\text{A}$
		Megaampere	MA	$1\,\text{MA} = 1000\,\text{kA} \quad = 1\,000\,000\,\text{A} = 1 \cdot 10^9\,\text{mA} = 1 \cdot 10^{12}\,\mu\text{A}$
Elektrischer Widerstand	R	Mikroohm	$\mu\Omega$	$1\,\mu\Omega = 0{,}001\,\text{m}\Omega$
		Milliohm	mΩ	$1\,\text{m}\Omega = 0{,}001\,\Omega \quad = 0{,}000001\,\text{k}\Omega = 1 \cdot 10^{-9}\,\text{M}\Omega$
		Ohm	Ω	$1\,\Omega \quad = 1000\,\text{m}\Omega \quad = 1\,000\,000\,\mu\Omega$
				$1\,\Omega \quad = \dfrac{1}{\text{S}} \qquad = 1\dfrac{\text{V}}{\text{A}} = 1\dfrac{\text{kg}\cdot\text{m}^2}{\text{A}^2\cdot\text{s}^3}$
		Kiloohm	kΩ	$1\,\text{k}\Omega \quad = 1000\,\Omega \quad = 1\,000\,000\,\text{m}\Omega = 1 \cdot 10^9\,\mu\Omega$
		Megaohm	MΩ	$1\,\text{M}\Omega = 1000\,\text{k}\Omega \quad = 1\,000\,000\,\Omega = 1 \cdot 10^9\,\text{m}\Omega = 1 \cdot 10^{12}\,\mu\Omega$

Größe	Formel-zeichen	Einheitenname	Einheiten-zeichen	Beziehungen
Elektrischer Leitwert	G	Mikrosiemens Millisiemens Siemens	μS mS S	$1\,\mu S = 0{,}001\,mS$ $1\,mS = 0{,}001\,S = 0{,}000001\,kS = 1 \cdot 10^{-9}\,MS$ $1\,S = 1000\,mS = 1000000\,\mu S$ $1\,S = \dfrac{1}{\Omega} = 1\dfrac{A}{V} = 1\dfrac{A^2 \cdot s^3}{kg \cdot m^2}$
		Kilosiemens Megasiemens	kS MS	$1\,kS = 1000\,S = 1000000\,mS = 1 \cdot 10^9\,\mu S$ $1\,MS = 1000\,kS = 1000000\,S = 1 \cdot 10^9\,mS = 1 \cdot 10^{12}\,\mu S$
Spezifischer Widerstand	ϱ	Ohm mal Meter	$\Omega \cdot m$	$\varrho = \dfrac{1}{\varkappa}$ in $\dfrac{\Omega \cdot mm^2}{m}$ $1\dfrac{\Omega \cdot mm^2}{m} = 1 \cdot 10^{-6}\,\Omega \cdot m = 1\,\mu\Omega \cdot m = 1\dfrac{kg \cdot m^3}{A^2 \cdot s^3}$
Elektrische Leitfähigkeit	$\varkappa$	Siemens durch Meter	$\dfrac{S}{m}$	$\varkappa = \dfrac{1}{\varrho}$ in $\dfrac{m}{\Omega \cdot mm^2}$ $1\dfrac{m}{\Omega \cdot mm^2} = 1 \cdot 10^6\dfrac{S}{m} = 1\dfrac{MS}{m} = 1\dfrac{A^2 \cdot s^3}{kg \cdot m^3}$
Elektrische Arbeit	W	Joule	J	$1\,J = 1\,W \cdot 1s = 1\,Ws = 1\,Nm = 1\dfrac{kg \cdot m^2}{s^2}$ $1\,kW \cdot h = 3{,}6 \cdot 10^6\,Ws = 3{,}6 \cdot 10^3\,kJ$

50   Beziehungen zwischen Einheiten

Größe	Formel-zeichen	Einheitenname	Einheiten-zeichen	Beziehungen
Elektrische Leistung	P	Watt	W	$1\text{ W} = 1\dfrac{\text{J}}{\text{s}} = 1\text{ V} \cdot \text{A} = 1\dfrac{\text{N} \cdot \text{m}}{\text{s}} = 1\dfrac{\text{kg} \cdot \text{m}^2}{\text{s}^3}$
Elektrizi-tätsmenge Elektrische Ladung	Q	Coulomb	C	$1\text{ C} = 1\text{ As}$ $1\text{ Ah} = 60\text{ Amin} = 3600\text{ As}$
Tempe-ratur a) thermo-dynamisch	T, Θ	Kelvin	K	$0\text{ K} = -273{,}15\,^\circ\text{C}$
b) Celsius	t, ϑ	Grad Celsius	$^\circ$C	$0\,^\circ\text{C} = \quad 273{,}15\text{ K} \qquad t = T - 273{,}15$
Elektrische Kapazität	C	Pikofarad Nanofarad Mikrofarad Farad	pF nF μF F	$1\text{ pF} = 0{,}001\text{ nF}$ $1\text{ nF} = 0{,}001\,\mu\text{F} \quad = 1 \cdot 10^{-9}\text{ F}$ $1\,\mu\text{F} = 1000\text{ nF} \quad = 1000000\text{ pF}$ $1\text{ F} = 1 \cdot 10^6\,\mu\text{F} = 1 \cdot 10^9\text{ nF} = 1 \cdot 10^{12}\text{ pF}$ $\qquad = 1\dfrac{\text{C}}{\text{V}} \qquad = 1\dfrac{\text{A}^2 \cdot \text{s}^4}{\text{kg} \cdot \text{m}^2}$

Größe	Formel-zeichen	Einheitenname	Einheiten-zeichen	Beziehungen
Elektrische Flußdichte (Verschiebungsdichte)	D	Coulomb durch Quadratmillimeter	$\dfrac{C}{mm^2}$	$1\,\dfrac{C}{m^2} = 1\,\dfrac{As}{m^2}$
		Coulomb durch Quadratzentimeter	$\dfrac{C}{cm^2}$	
		Coulomb durch Quadratmeter	$\dfrac{C}{m^2}$	
		Megacoulomb durch Quadratmeter	$\dfrac{MC}{m^2}$	
Elektrische Feldstärke	E	Volt durch Zentimeter	$\dfrac{V}{cm}$	$1\,\dfrac{V}{m} = 1\,\dfrac{W}{A \cdot m} = 1\,\dfrac{kg \cdot m}{A \cdot s^3}$
		Volt durch Meter	$\dfrac{V}{m}$	
		Kilovolt durch Meter	$\dfrac{kV}{m}$	

52   Beziehungen zwischen Einheiten

Größe	Formel-zeichen	Einheitenname	Einheiten-zeichen	Beziehungen
Elektrische Durch-flutung	Θ	Ampere	A	$1\ A = 1\ A \cdot 1$ Windung
Induk-tivität	L	Millihenry Henry	mH H	$1\ mH = 0{,}001\ H$ $1\ H\ = 1000\ mH = 1\ \dfrac{V_s}{A} = 1\ \dfrac{kg \cdot m^2}{A^2 \cdot s^2}$
Magneti-scher Fluß	Φ	Weber Voltsekunde	Wb Vs	$1\ Wb = 1\ Vs = 1\ \dfrac{kg \cdot m^2}{A \cdot s^2}$ $1\ Vs\ = 1\ Wb$
Magneti-sche Flußdichte (magneti-sche In-duktion)	B	Nanotesla Mikrotesla Millitesla Tesla	nT μT mT T	$1\ nT\ = 1 \cdot 10^{-3}\ \mu T = 1 \cdot 10^{-6}\ mT = 1 \cdot 10^{-9}\ T$ $1\ \mu T = 1000\ nT$ $1\ mT = 1000\ \mu T\qquad = 1000000\ nT$ $1\ T\ = 1000\ mT\qquad = 1 \cdot 10^6\ \mu T = 1 \cdot 10^9_n\ T$ $\qquad\ = 1\ \dfrac{Wb}{m^2}\qquad\quad = 1\ \dfrac{kg}{A \cdot s^2}$

Größe	Formel-zeichen	Einheitenname	Einheiten-zeichen	Beziehungen
Magne-tische Feldstärke	H	Ampere durch Millimeter	$\dfrac{A}{mm}$	$1\,\dfrac{A}{mm} = 10\,\dfrac{A}{cm}$
		Ampere durch Zentimeter	$\dfrac{A}{cm}$	$1\,\dfrac{A}{cm} = 0{,}1\,\dfrac{A}{mm}$
		Ampere durch Meter	$\dfrac{A}{m}$	$1\,\dfrac{A}{m} = 0{,}01\,\dfrac{A}{cm} = 0{,}001\,\dfrac{A}{mm}$
		Kiloampere durch Meter	$\dfrac{kA}{m}$	$1\,\dfrac{kA}{m} = 1\,000\,\dfrac{A}{m} = 10\,\dfrac{A}{cm} = 1\,\dfrac{A}{mm}$
Leucht-dichte	L	Candela durch Quadratzentimeter	$\dfrac{cd}{cm^2}$	$1\,\dfrac{cd}{cm^2} = 10000\,\dfrac{cd}{m^2}$
		Candela durch Quadratmeter	$\dfrac{cd}{m^2}$	$1\,\dfrac{cd}{m^2} = 0{,}0001\,\dfrac{cd}{cm^2}$

54   Beziehungen zwischen Einheiten

Größe	Formel-zeichen	Einheitenname	Einheiten-zeichen	Beziehungen
Lichtstrom	Φ	Millilumen Lumen Megalumen	mlm lm Mlm	$1\ \text{mlm} = 0{,}001\ \text{lm} = 1 \cdot 10^{-9}\ \text{Mlm}$ $1\ \text{lm} = 1000\ \text{mlm} = 1\ \text{cd} \cdot 1\ \text{sr}$ $1\ \text{Mlm} = 1 \cdot 10^{6}\ \text{lm} = 1 \cdot 10^{9}\ \text{mlm}$
Beleuch-tungs-stärke	E	Lux	lx	$1\ \text{lx} = 1\ \dfrac{\text{lm}}{\text{m}^2}$

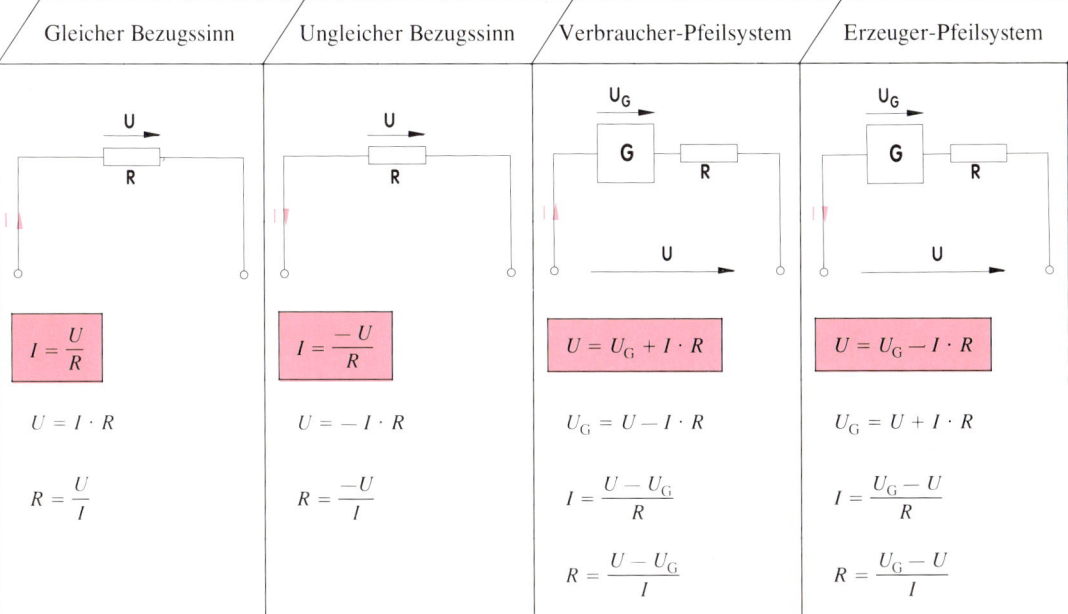

Gleicher Bezugssinn	Ungleicher Bezugssinn	Verbraucher-Pfeilsystem	Erzeuger-Pfeilsystem
$I = \dfrac{U}{R}$	$I = \dfrac{-U}{R}$	$U = U_G + I \cdot R$	$U = U_G - I \cdot R$
$U = I \cdot R$	$U = -I \cdot R$	$U_G = U - I \cdot R$	$U_G = U + I \cdot R$
$R = \dfrac{U}{I}$	$R = \dfrac{-U}{I}$	$I = \dfrac{U - U_G}{R}$	$I = \dfrac{U_G - U}{R}$
		$R = \dfrac{U - U_G}{I}$	$R = \dfrac{U_G - U}{I}$

Benennung/Abbildung	Formel/Formelumstellung	Formelzeichen	Einheiten
Ohmsches Gesetz	$I = \dfrac{U}{R}$ $U = I \cdot R$ $R = \dfrac{U}{I}$	I: Stromstärke U: Spannung R: Widerstand	A V Ω
Stromdichte	$S = \dfrac{I}{A}$ $I = S \cdot A$ $A = \dfrac{I}{S}$	S: Stromdichte I: Stromstärke A: Leiterquerschnitt	$\dfrac{\text{A}}{\text{mm}^2}$ A mm^2
Widerstand und Leitwert	$R = \dfrac{1}{G}$ $G = \dfrac{1}{R}$	R: Widerstand G: Leitwert	Ω S
Vorwiderstand	$R_\text{v} = \dfrac{U_\text{v}}{I}$ $U_\text{v} = R_\text{v} \cdot I$ $I = \dfrac{U_\text{v}}{R_\text{v}}$ $R_\text{L} = \dfrac{U_\text{L}}{I}$ $U_\text{L} = R_\text{L} \cdot I$ $I = \dfrac{U_\text{L}}{R_\text{L}}$	R_V: Vorwiderstand U_V: Spannung am Vorwiderstand I: Stromstärke R_L: Lampen- widerstand U_L: Spannung am Lampen- widerstand	Ω V A Ω V

Erste Kirchhoffsche Regel (Knotenregel)	Zweite Kirchhoffsche Regel (Maschenregel)

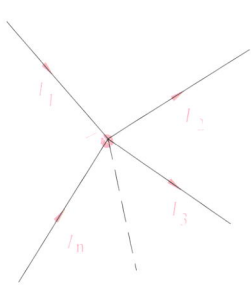

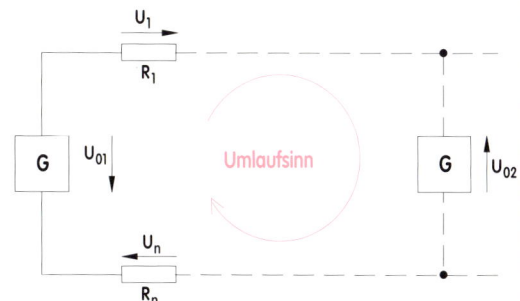

In jedem Knotenpunkt ist die Summe aller Ströme unter Berücksichtigung der Vorzeichen gleich Null.

$$I_1 - I_2 - I_3 + \ldots + I_n = 0$$

$$\Sigma I = 0$$

Die Summe aller Teilspannungen entlang eines geschlossenen Weges mit willkürlich gewähltem Umlaufsinn ist gleich Null.

Spannungen in Richtung des Umlaufsinnes werden addiert. Spannungen in entgegengesetzter Richtung werden subtrahiert.

$$- U_{01} + I \cdot R_1 + \ldots - U_{02} + \ldots + I \cdot R_n = 0$$

$$\Sigma U = 0$$

Benennung/Abbildung	Formel/Formelumstellung	Formelzeichen	Einheiten
Spezifischer Widerstand und Leitfähigkeit	$\varrho = \dfrac{1}{\varkappa}$ $\varkappa = \dfrac{1}{\varrho}$	ϱ: Spezifischer Widerstand $\varkappa$: elektrische Leitfähigkeit	$\dfrac{\Omega \cdot mm^2}{m}$ $\dfrac{S \cdot m}{mm^2}$ $1\,S = \dfrac{1}{\Omega}$
Leiterquerschnitt 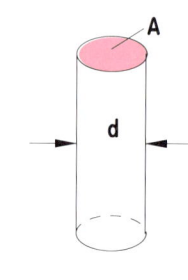	$A = \dfrac{d^2 \cdot \pi}{4}$ $d = \sqrt{\dfrac{A \cdot 4}{\pi}}$ $\dfrac{\pi}{4} = 0.785$ $A = d^2 \cdot 0.785$ $d = \sqrt{\dfrac{A}{0.785}}$ $\dfrac{d^2}{4} = r^2$ $A = r^2 \cdot \pi$ $r = \sqrt{\dfrac{A}{\pi}}$	A: Leiterquerschnitt d: Drahtdurchmesser r: Kreisradius π: 3,14…	mm^2 mm mm

Benennung/Abbildung	Formel/Formelumstellung	Formelzeichen	Einheiten
Leiterwiderstand, berechnet mit dem spezifischen Widerstand 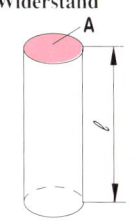	$R_L = \dfrac{\varrho \cdot l}{A}$ $\qquad \varrho = \dfrac{R_L \cdot A}{l}$ $l = \dfrac{R_L \cdot A}{\varrho}$ $\qquad A = \dfrac{\varrho \cdot l}{R_L}$ $\varrho = \dfrac{1}{\varkappa}$ $\qquad \varkappa = \dfrac{1}{\varrho}$	R_L: Leiterwiderstand A: Leiterquerschnitt l: Leiterlänge ϱ: Spezifischer Widerstand	Ω mm^2 m $\dfrac{\Omega \cdot mm^2}{m}$ $1\,\mu\Omega \cdot m =$ $1\,\dfrac{\Omega \cdot mm^2}{m}$
Leiterwiderstand, berechnet mit der elektrischen Leitfähigkeit 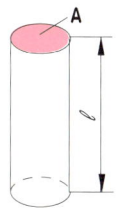	$R_L = \dfrac{l}{\varkappa \cdot A}$ $\qquad l = R_L \cdot \varkappa \cdot A$ $\varkappa = \dfrac{l}{A \cdot R_L}$ $\qquad A = \dfrac{l}{\varkappa \cdot R_L}$	$\varkappa$: elektrische Leitfähigkeit	$\dfrac{S \cdot m}{mm^2}$ $1\,\dfrac{MS}{m} =$ $1\,\dfrac{S \cdot m}{mm^2}$

Benennung/Abbildung	Formel/Formelumstellung	Formelzeichen	Einheiten
Reihenschaltung von zwei Widerständen 	$R = R_1 + R_2$ $R_1 = R - R_2$ $\qquad$ $R_2 = R - R_1$	R: Gesamtwiderstand R_1: Widerstand 1 R_2: Widerstand 2	Ω Ω Ω
	Für n **gleiche** Widerstände gilt: $R = R_1 \cdot n$ $R_1 = \dfrac{R}{n}$ $\qquad$ $n = \dfrac{R}{R_1}$	n: Anzahl von **gleichen** Widerständen	
	$U = U_1 + U_2$ $U_1 = U - U_2$ $U_2 = U - U_1$	U: Gesamtspannung U_1: Teilspannung 1 U_2: Teilspannung 2	V V V

Fortsetzung

Benennung/Abbildung	Formel/Formelumstellung	Formelzeichen	Einheiten

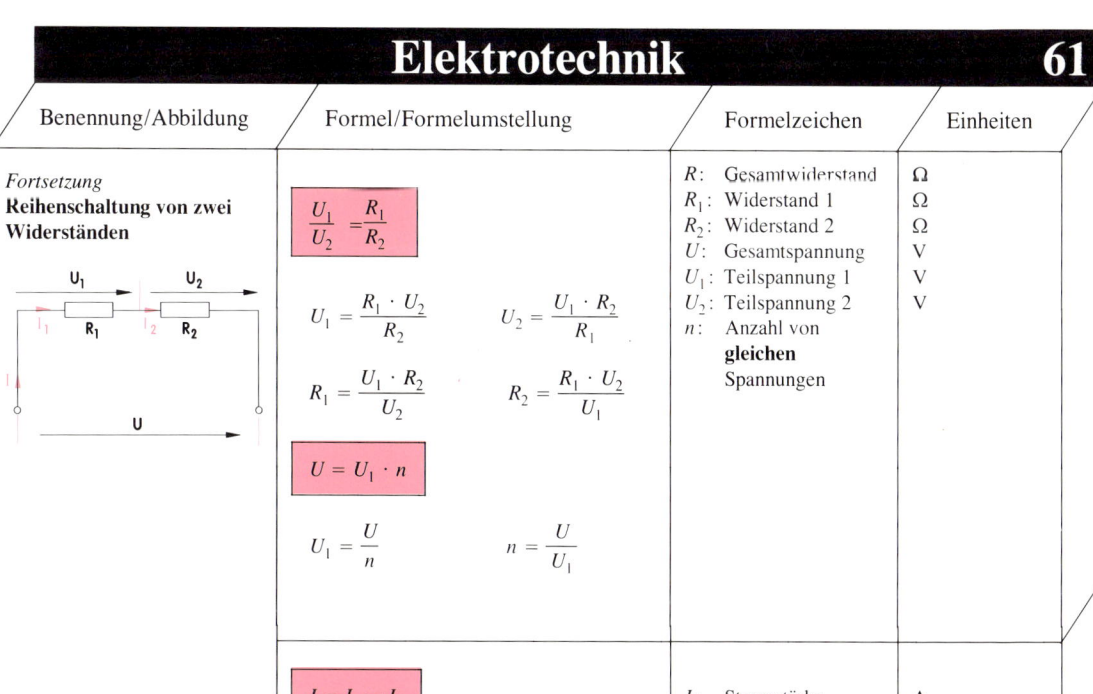

Fortsetzung
Reihenschaltung von zwei Widerständen

$$\frac{U_1}{U_2} = \frac{R_1}{R_2}$$

$$U_1 = \frac{R_1 \cdot U_2}{R_2} \qquad U_2 = \frac{U_1 \cdot R_2}{R_1}$$

$$R_1 = \frac{U_1 \cdot R_2}{U_2} \qquad R_2 = \frac{R_1 \cdot U_2}{U_1}$$

$$U = U_1 \cdot n$$

$$U_1 = \frac{U}{n} \qquad n = \frac{U}{U_1}$$

$$I = I_1 = I_2$$

Formelzeichen:

R: Gesamtwiderstand — Ω
R_1: Widerstand 1 — Ω
R_2: Widerstand 2 — Ω
U: Gesamtspannung — V
U_1: Teilspannung 1 — V
U_2: Teilspannung 2 — V
n: Anzahl von **gleichen** Spannungen

I: Stromstärke — A

Benennung/Abbildung	Formel/Formelumstellung	Formelzeichen	Einheiten
Reihenschaltung von Widerständen 	$R = R_1 + R_2 + R_3$ $R_1 = R - R_2 - R_3$ $R_2 = R - R_1 - R_3 \qquad R_3 = R - R_1 - R_2$	R: Gesamtwiderstand R_1: Widerstand 1 R_2: Widerstand 2 R_3: Widerstand 3	Ω Ω Ω Ω
	Für n **gleiche** Widerstände gilt: $R = R_1 \cdot n \qquad R_1 = \dfrac{R}{n} \qquad n = \dfrac{R}{R_1}$	n: Anzahl von **gleichen** Widerständen	
	$U = U_1 + U_2 + U_3 \qquad U_1 = U - U_2 - U_3$ $U_2 = U - U_1 - U_3 \qquad U_3 = U - U_1 - U_2$	U: Gesamtspannung U_1: Teilspannung 1 U_2: Teilspannung 2 U_3: Teilspannung 3	V V V V
	Für n **gleiche** Widerstände gilt: $U = U_1 \cdot n \qquad U_1 = \dfrac{U}{n} \qquad n = \dfrac{U}{U_1}$	n: Anzahl von **gleichen** Spannungen	
	$I = I_1 = I_2 = I_3$	I: Stromstärke	A

Benennung/Abbildung	Formel/Formelumstellung	Formelzeichen	Einheiten
Reihenschaltung von zwei Leitwerten	$$G = \frac{G_1 \cdot G_2}{G_1 + G_2}$$ $$G_1 = \frac{G \cdot G_2}{G_2 - G} \qquad G_2 = \frac{G \cdot G_1}{G_1 - G}$$	G: Gesamtleitwert G_1: Leitwert 1 G_2: Leitwert 2	S S S
Reihenschaltung von Leitwerten	$$\frac{1}{G} = \frac{1}{G_1} + \frac{1}{G_2} + \frac{1}{G_3}$$ $$\frac{1}{G_1} = \frac{1}{G} - \frac{1}{G_2} - \frac{1}{G_3}$$ $$\frac{1}{G_2} = \frac{1}{G} - \frac{1}{G_1} - \frac{1}{G_3}$$ $$\frac{1}{G_3} = \frac{1}{G} - \frac{1}{G_1} - \frac{1}{G_2}$$	G: Gesamtleitwert G_1: Leitwert 1 G_2: Leitwert 2 G_3: Leitwert 3	S S S S
	Für n **gleiche** Leitwerte gilt: $$G = \frac{G_1}{n} \qquad G_1 = G \cdot n \qquad n = \frac{G_1}{G}$$	n: Anzahl von **gleichen** Leitwerten	

Benennung/Abbildung	Formel/Formelumstellung	Formelzeichen	Einheiten
Parallelschaltung von zwei Widerständen 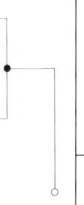	$R = \dfrac{R_1 \cdot R_2}{R_1 + R_2}$ $R_1 = \dfrac{R \cdot R_2}{R_2 - R}$ $\qquad R_2 = \dfrac{R \cdot R_1}{R_1 - R}$ $\dfrac{I_1}{I_2} = \dfrac{R_2}{R_1}$ $I_1 = \dfrac{R_2 \cdot I_2}{R_1}$ $\qquad I_2 = \dfrac{I_1 \cdot R_1}{R_2}$ $R_2 = \dfrac{I_1 \cdot R_1}{I_2}$ $\qquad R_1 = \dfrac{R_2 \cdot I_2}{I_1}$	R: Gesamtwiderstand R_1: Widerstand 1 R_2: Widerstand 2 I_1: Teilstrom 1 I_2: Teilstrom 2 I: Gesamtstrom	Ω Ω Ω A A A
	Für n **gleiche** Widerstände gilt: $R = \dfrac{R_1}{n}$ $\quad R_1 = R \cdot n$ $\quad n = \dfrac{R_1}{R}$ $I = I_1 + I_2$ $\quad I_1 = I - I_2$ $\quad I_2 = I - I_1$ $U = U_1 = U_2$	n: Anzahl von **gleichen** Widerständen U: Teilspannung 1 U: Teilspannung 2 U: Gesamtspannung	 V V V

Benennung/Abbildung	Formel/Formelumstellung	Formelzeichen	Einheiten
Parallelschaltung von Widerstanden	$\dfrac{1}{R} = \dfrac{1}{R_1} + \dfrac{1}{R_2} + \dfrac{1}{R_3}$ $\dfrac{1}{R_1} = \dfrac{1}{R} - \dfrac{1}{R_2} - \dfrac{1}{R_3}$ $\dfrac{1}{R_2} = \dfrac{1}{R} - \dfrac{1}{R_1} - \dfrac{1}{R_3}$ $\dfrac{1}{R_3} = \dfrac{1}{R} - \dfrac{1}{R_1} - \dfrac{1}{R_2}$ $R = \dfrac{1}{G}$ $\qquad G = \dfrac{1}{R}$	R: Gesamtwiderstand R_1: Widerstand 1 R_2: Widerstand 2 R_3: Widerstand 3 G: Gesamtleitwert	Ω Ω Ω Ω S
	$R = \dfrac{R_1}{n}$ $\qquad R_1 = R \cdot n$ $n = \dfrac{R_1}{R}$	n: Anzahl von **gleichen** Widerständen	*Fortsetzung*

Benennung/Abbildung	Formel/Formelumstellung	Formelzeichen	Einheiten
Fortsetzung **Parallelschaltung von Widerständen** 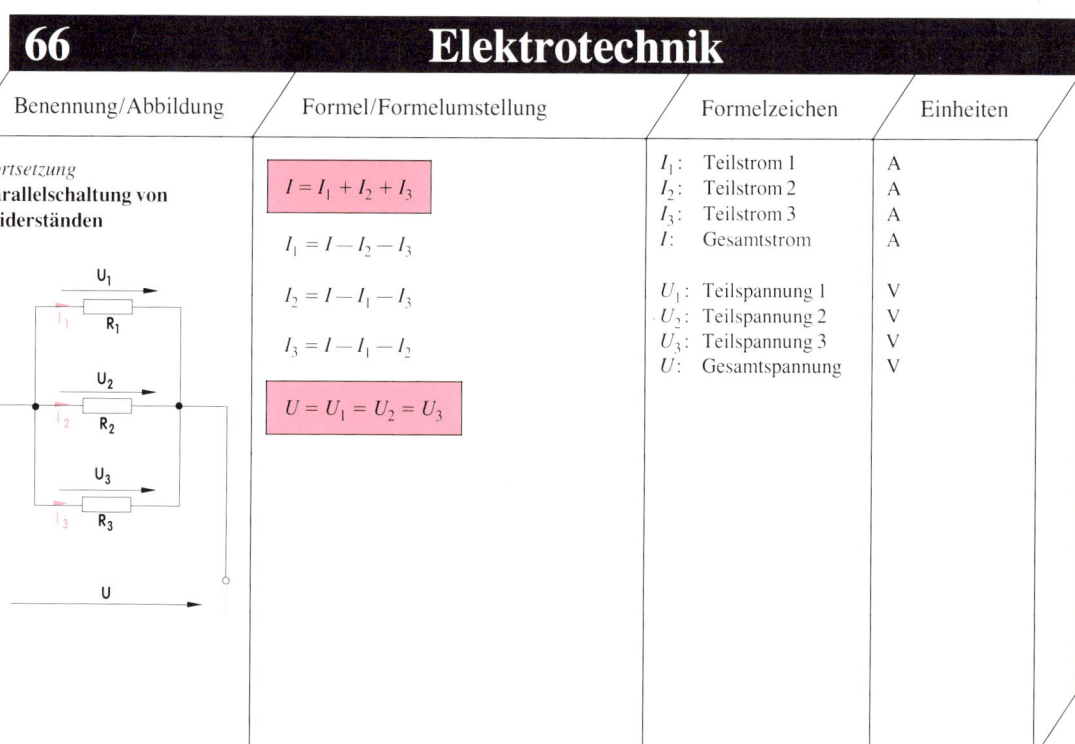	$I = I_1 + I_2 + I_3$ $I_1 = I - I_2 - I_3$ $I_2 = I - I_1 - I_3$ $I_3 = I - I_1 - I_2$ $U = U_1 = U_2 = U_3$	I_1: Teilstrom 1 I_2: Teilstrom 2 I_3: Teilstrom 3 I: Gesamtstrom U_1: Teilspannung 1 U_2: Teilspannung 2 U_3: Teilspannung 3 U: Gesamtspannung	A A A A V V V V

Benennung/Abbildung	Formel/Formelumstellung	Formelzeichen	Einheiten
Parallelschaltung von Leitwerten	$G = G_1 + G_2 + G_3$ $G_1 = G - G_2 - G_3$ $G_2 = G - G_1 - G_3$ $G_3 = G - G_1 - G_2$	G: Gesamtleitwert G_1: Leitwert 1 G_2: Leitwert 2 G_3: Leitwert 3	S S S S
	Für n **gleiche** Leitwerte gilt: $G = G_1 \cdot n$ $G_1 = \dfrac{G}{n} \qquad n = \dfrac{G}{G_1}$	n: Anzahl von **gleichen** Leitwerten	

Elektrotechnik

Benennung/Abbildung	Formel/Formelumstellung	Formelzeichen	Einheiten

Strommesser

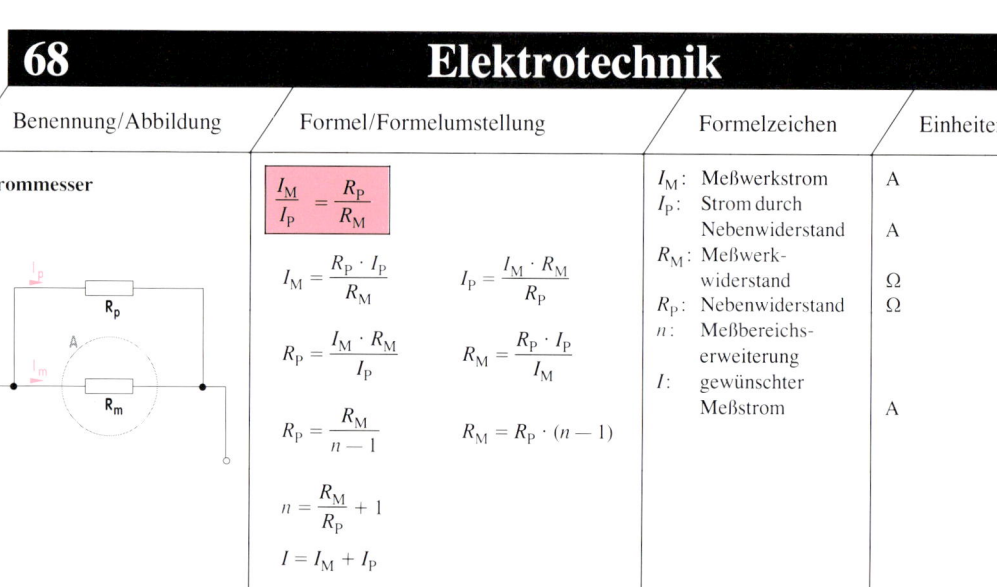

$$\frac{I_{\mathrm{M}}}{I_{\mathrm{P}}} = \frac{R_{\mathrm{P}}}{R_{\mathrm{M}}}$$

$$I_{\mathrm{M}} = \frac{R_{\mathrm{P}} \cdot I_{\mathrm{P}}}{R_{\mathrm{M}}} \qquad I_{\mathrm{P}} = \frac{I_{\mathrm{M}} \cdot R_{\mathrm{M}}}{R_{\mathrm{P}}}$$

$$R_{\mathrm{P}} = \frac{I_{\mathrm{M}} \cdot R_{\mathrm{M}}}{I_{\mathrm{P}}} \qquad R_{\mathrm{M}} = \frac{R_{\mathrm{P}} \cdot I_{\mathrm{P}}}{I_{\mathrm{M}}}$$

$$R_{\mathrm{P}} = \frac{R_{\mathrm{M}}}{n - 1} \qquad R_{\mathrm{M}} = R_{\mathrm{P}} \cdot (n - 1)$$

$$n = \frac{R_{\mathrm{M}}}{R_{\mathrm{P}}} + 1$$

$$I = I_{\mathrm{M}} + I_{\mathrm{P}}$$

$$I_{\mathrm{M}} = I - I_{\mathrm{P}}$$

$$I_{\mathrm{P}} = I - I_{\mathrm{M}}$$

I_{M}: Meßwerkstrom — A

I_{P}: Strom durch Nebenwiderstand — A

R_{M}: Meßwerkwiderstand — Ω

R_{P}: Nebenwiderstand — Ω

n: Meßbereichserweiterung

I: gewünschter Meßstrom — A

Benennung/Abbildung	Formel/Formelumstellung	Formelzeichen	Einheiten

Spannungsmesser
 	
	$$\frac{U_M}{U_V} = \frac{R_M}{R_V}$$
	
	 $U_M = \dfrac{R_M \cdot U_V}{R_V}$ $U_V = \dfrac{U_M \cdot R_V}{R_M}$
	
	 $R_V = \dfrac{R_M \cdot U_V}{U_M}$ $R_M = \dfrac{U_M \cdot R_V}{U_V}$
	
	 $$R_V = R_M \cdot (n-1)$$
	
	 $R_M = \dfrac{R_V}{n-1}$ $n = \dfrac{R_V}{R_M} + 1$
	
	 $U_M = U - U_V$
	
	 $U_V = U - U_M$
	
	 $$U = U_M + U_V$$
		U_M: Meßwerkspannung
		 U_V: Spannung für
		       Vorwiderstand
		 R_M: Meßwerk-
		       widerstand
		 R_V: Vorwiderstand
		 n: Meßbereichs-
		       erweiterung
		 U: gewünschte
		       Meßspannung
			V
			
			 V
			
			 Ω
			 Ω
			
			 V

Benennung/Abbildung	Formel/Formelumstellung	Formelzeichen	Einheiten
Mechanische Arbeit 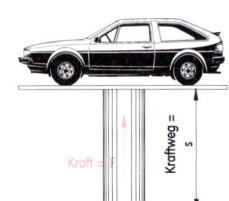	$$W = F \cdot s$$ $$F = \frac{W}{s} \qquad s = \frac{W}{F}$$	W: mechanische Arbeit F: Kraft längs des Weges s: Weg	Nm N m $1\,\text{Nm} = 1\,\text{J}$ $1\,\text{J} = 1\,\text{Ws}$
Mechanische Leistung 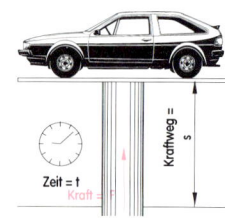	$$P = \frac{W}{t} \qquad P = \frac{F \cdot s}{t}$$ $$W = P \cdot t \qquad F = \frac{P \cdot t}{s}$$ $$t = \frac{W}{P} \qquad s = \frac{P \cdot t}{F}$$ $$t = \frac{F \cdot s}{P}$$	P: mechanische Leistung W: mechanische Arbeit t: Zeit F: Kraft s: Weg	W Nm s N m $1\,\text{W} = 1\,\dfrac{\text{Nm}}{\text{s}}$ $= 1\,\dfrac{\text{J}}{\text{s}}$

Benennung/Abbildung	Formel/Formelumstellung	Formelzeichen	Einheiten

Elektrische Arbeit

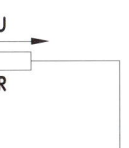

$$W = U \cdot I \cdot t \qquad U = \frac{W}{I \cdot t}$$

$$I = \frac{W}{U \cdot t} \qquad t = \frac{W}{U \cdot I}$$

$$W = I^2 \cdot R \cdot t \qquad I = \sqrt{\frac{W}{R \cdot t}}$$

$$R = \frac{W}{I^2 \cdot t} \qquad t = \frac{W}{I^2 \cdot R}$$

$$W = \frac{U^2 \cdot t}{R} \qquad U = \sqrt{\frac{W \cdot R}{t}}$$

$$R = \frac{U^2 \cdot t}{W} \qquad t = \frac{W \cdot R}{U^2}$$

$$W = P \cdot t \qquad P = \frac{W}{t} \qquad t = \frac{W}{P}$$

W: elektrische Arbeit
U: Spannung
I: Stromstärke
t: Zeit
R: Widerstand
P: elektrische Leistung

Ws
V
A
s
Ω
W

$1\,\text{J} = 1\,\text{Ws}$
$1\,\text{Ws} = 1\,\text{Nm}$

Elektrotechnik

Benennung/Abbildung	Formel/Formelumstellung	Formelzeichen	Einheiten
Elektrische Leistung 	$P = U \cdot I$ $\quad$ $U = \dfrac{P}{I}$ $\quad$ $I = \dfrac{P}{U}$ $P = I^2 \cdot R$ $\quad$ $I = \sqrt{\dfrac{P}{R}}$ $\quad$ $R = \dfrac{P}{I^2}$ $P = \dfrac{U^2}{R}$ $U = \sqrt{P \cdot R}$ $\quad$ $R = \dfrac{U^2}{P}$ $P = \dfrac{W}{t}$ $\quad$ $W = P \cdot t$ $\quad$ $t = \dfrac{W}{P}$	P: elektrische Leistung U: Spannung I: Stromstärke R: Widerstand t: Zeit W: elektrische Arbeit	W V A Ω s Ws $1\ \mathrm{W} = 1\ \dfrac{\mathrm{J}}{\mathrm{s}}$ $1\ \dfrac{\mathrm{J}}{\mathrm{s}} = 1\ \dfrac{\mathrm{Nm}}{\mathrm{s}}$
Leistungsmessung mit Zähler und Uhr	$P = \dfrac{n \cdot 60}{c_z}$ $n = \dfrac{P \cdot c_z}{60}$ $\quad$ $c_z = \dfrac{n \cdot 60}{P}$	P: Leistung n: Zähler- umdrehungen c_z: Zählerkonstante	kW $\dfrac{1}{\min}$ $\dfrac{1}{\mathrm{kWh}}$ $1\ \mathrm{kWh} = 3600\ \mathrm{kJ}$

Benennung/Abbildung	Formel/Formelumstellung	Formelzeichen	Einheiten

Wirkungsgrad für elektrische Leistung und elektrische Arbeit

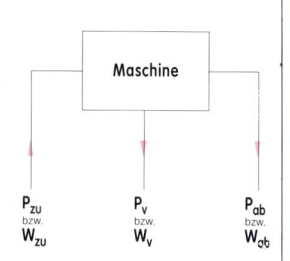

$$\eta = \frac{P_{ab}}{P_{zu}}$$

$$P_{ab} = \eta \cdot P_{zu} \qquad P_{zu} = \frac{P_{ab}}{\eta}$$

$$\eta = \frac{W_{ab}}{W_{zu}}$$

$$W_{ab} = \eta \cdot W_{zu} \qquad W_{zu} = \frac{W_{ab}}{\eta}$$

(Oft in Prozent (%) angegeben, z.B. $\eta = 0{,}60 \triangleq 60\,\%$)

$$P_V = P_{zu} - P_{ab}$$

$$P_{zu} = P_V + P_{ab} \qquad P_{ab} = P_{zu} - P_V$$

$$W_V = W_{zu} - W_{ab}$$

$$W_{zu} = W_V + W_{ab} \qquad W_{ab} = W_{zu} - W_V$$

η : Wirkungsgrad
P_{ab}: Leistungsabgabe — W
P_{zu}: Leistungszuführung — W
W_{ab}: Arbeitsabgabe — J
W_{zu}: Arbeitszuführung — J
P_V: Leistungsverlust — W
W_V: Arbeitsverlust (umgewandelt in unerwünschte Energieformen, z.B. Wärme) — J

Benennung/Abbildung	Formel/Formelumstellung	Formelzeichen	Einheiten
Gesamtwirkungsgrad	$\eta = \eta_1 \cdot \eta_2$ $\quad \eta_1 = \dfrac{\eta}{\eta_2} \quad \eta_2 = \dfrac{\eta}{\eta_1}$ (Oft in Prozent (%) angegeben)	η: Gesamt-wirkungsgrad η_1: Teilwirkungsgrad 1 η_2: Teilwirkungsgrad 2	
Amperestunden-wirkungsgrad	$\eta = \dfrac{Q_2}{Q_1}$ $Q_1 = \dfrac{Q_2}{\eta} \qquad Q_2 = \eta \cdot Q_1$	η: Wirkungsgrad Q_1: Zugeführte Ladungsmenge Q_2: Abgegebene Ladungsmenge	 Ah Ah
Entladekapazität	$K = I \cdot t \qquad I = \dfrac{K}{t} \qquad t = \dfrac{K}{I}$	K: Entladekapazität I: Entladestrom t: Entladezeit	As A s
Fassungsvermögen (Sammler oder Akkumulator)	$K = I \cdot t$ $I = \dfrac{K}{t} \qquad t = \dfrac{K}{I}$	K: Kapazität (Fassungs-vermögen) I: Stromstärke t: Zeit	As A s

Elektrotechnik 75

Benennung/Abbildung	Formel/Formelumstellung	Formelzeichen	Einheiten
Reihenschaltung von gleichen Elementen	$I = \dfrac{U_{01} \cdot n}{R_{i1} \cdot n + R_L}$ $\quad n = \dfrac{I \cdot R_L}{U_{01} - I \cdot R_{i1}}$	I: Stromstärke	A
	$U_{01} = \dfrac{I \cdot (R_{i1} \cdot n + R_L)}{n}$	U_{01}: Urspannung eines Elementes	V
	$R_{i1} = \dfrac{U_{01} \cdot n - I \cdot R_L}{I \cdot n}$	R_{i1}: innerer Widerstand eines Elementes	Ω
	$R_L = \dfrac{U_{01} \cdot n - I \cdot R_{i1} \cdot n}{I}$	R_L: Lastwiderstand	Ω
	$U_0 = U_{01} \cdot n$ $\quad U_{01} = \dfrac{U_0}{n}$ $\quad n = \dfrac{U_0}{U_{01}}$	n: Anzahl der in Reihe geschalteten Elemente	
		U_0: Urspannung der Batterie	V
	$R_i = R_{i1} \cdot n$ $\quad R_{i1} = \dfrac{R_i}{n}$ $\quad n = \dfrac{R_i}{R_{i1}}$	R_i: innerer Widerstand der Batterie	Ω
	$R = R_i + R_L$ $\quad R_i = R - R_L$ $\quad R_L = R - R_i$	R: Gesamtwiderstand	Ω
	$I = \dfrac{U_0}{R}$ $\quad U_0 = I \cdot R$ $\quad R = \dfrac{U_0}{I}$	Batterie: zwei oder mehr als zwei Elemente	

Elektrotechnik

Benennung/Abbildung	Formel/Formelumstellung	Formelzeichen	Einheiten

Parallelschaltung von gleichen Elementen

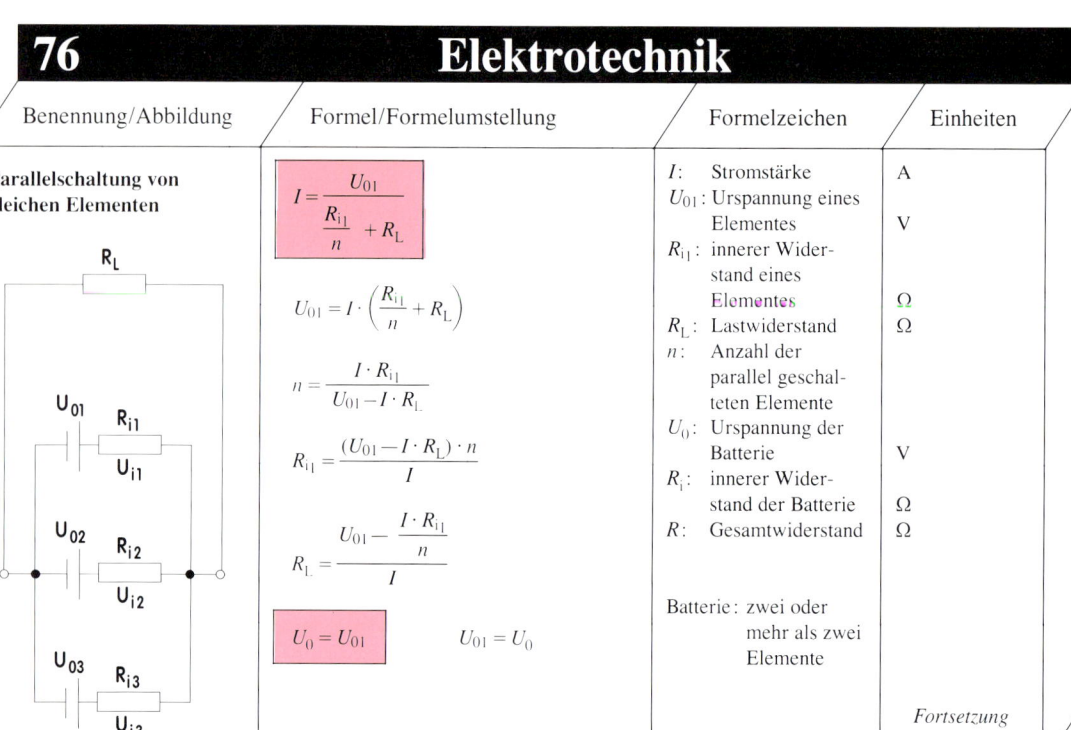

$$I = \frac{U_{01}}{\dfrac{R_{i1}}{n} + R_L}$$

$$U_{01} = I \cdot \left(\frac{R_{i1}}{n} + R_L \right)$$

$$n = \frac{I \cdot R_{i1}}{U_{01} - I \cdot R_L}$$

$$R_{i1} = \frac{(U_{01} - I \cdot R_L) \cdot n}{I}$$

$$R_L = \frac{U_{01} - \dfrac{I \cdot R_{i1}}{n}}{I}$$

$$U_0 = U_{01} \qquad U_{01} = U_0$$

I: Stromstärke — A
U_{01}: Urspannung eines Elementes — V
R_{i1}: innerer Widerstand eines Elementes — Ω
R_L: Lastwiderstand — Ω
n: Anzahl der parallel geschalteten Elemente
U_0: Urspannung der Batterie — V
R_i: innerer Widerstand der Batterie — Ω
R: Gesamtwiderstand — Ω

Batterie: zwei oder mehr als zwei Elemente

Fortsetzung

Benennung/Abbildung	Formel/Formelumstellung	Formelzeichen	Einheiten
Fortsetzung **Parallelschaltung von gleichen Elementen**	$R_i = \dfrac{R_{i1}}{n}$ $R_{i1} = R_i \cdot n \qquad n = \dfrac{R_{i1}}{R_i}$ $R = R_i + R_L$ $R_i = R - R_L \qquad R_L = R - R_i$ $I = \dfrac{U_0}{R}$ $U_0 = I \cdot R \qquad R = \dfrac{U_0}{I}$	I: Stromstärke U_{01}: Urspannung eines Elementes R_{i1}: innerer Widerstand eines Elementes R_L: Lastwiderstand n: Anzahl der parallel geschalteten Elemente U_0: Urspannung der Batterie R_i: innerer Widerstand der Batterie R: Gesamtwiderstand Batterie: zwei oder mehr als zwei Elemente	A V Ω Ω V Ω Ω

Benennung/Abbildung	Formel/Formelumstellung	Formelzeichen	Einheiten
Reihen-, Parallelschaltung und gemischte Schaltung von gleichen Elementen	$$I = \dfrac{U_{01} \cdot n}{\dfrac{R_{i1} \cdot n}{m} + R_{L}}$$ $$U_{01} = \dfrac{\dfrac{I \cdot R_{i1} \cdot n}{m} + I \cdot R_{L}}{n}$$ $$R_{i1} = \dfrac{U_{01} \cdot n \cdot m - I \cdot R_{L} \cdot m}{I \cdot n}$$ $$R_{L} = \dfrac{U_{01} \cdot n - \dfrac{I \cdot R_{i1} \cdot n}{m}}{I}$$ $$n = \dfrac{I \cdot R_{L} \cdot m}{U_{01} \cdot m - I \cdot R_{i1}}$$ $$m = \dfrac{I \cdot R_{i1} \cdot n}{U_{01} \cdot n - I \cdot R_{L}}$$	I: Stromstärke U_{01}: Urspannung eines Elementes R_{i1}: Innerer Widerstand eines Elementes R_{L}: Lastwiderstand n: Anzahl der in der Reihe geschalteten Elemente einer Gruppe m: Anzahl der parallel geschalteten Gruppen	A V Ω Ω

Benennung/Abbildung	Formel/Formelumstellung	Formelzeichen	Einheiten
Spannungsteiler (unbelastet, Leerlauf)	$\dfrac{U}{U_1} = \dfrac{R}{R_1}$ $\qquad U = \dfrac{R \cdot U_1}{R_1}$ $U_1 = \dfrac{U \cdot R_1}{R} \qquad R = \dfrac{U \cdot R_1}{U_1}$ $R_1 = \dfrac{R \cdot U_1}{U}$	U: Gesamtspannung U_1: Teilspannung R: Gesamtwiderstand R_1: Teilwiderstand	V V Ω Ω
Spannungsteiler (belastet)	$\dfrac{U}{U_E} = \dfrac{R}{R_E}$ $\qquad U = \dfrac{R \cdot U_E}{R_E}$ $U_E = \dfrac{U \cdot R_E}{R} \qquad R = \dfrac{U \cdot R_E}{U_E}$ $R_E = \dfrac{R \cdot U_E}{U} \qquad U_E = U_L = U_1$ $R_E = \dfrac{R_1 \cdot R_L}{R_1 + R_L}$ $R_1 = \dfrac{R_E \cdot R_L}{R_L - R_E} \qquad R_L = \dfrac{R_E \cdot R_1}{R_1 - R_E}$	U: Gesamtspannung U_E: Teilspannung R: Gesamtwiderstand R_E: Ersatzwiderstand R_1: Teilwiderstand R_L: Lastwiderstand	V V Ω Ω Ω Ω

Elektrotechnik

Benennung/Abbildung	Formel/Formelumstellung	Formelzeichen	Einheiten
Brückenschaltung 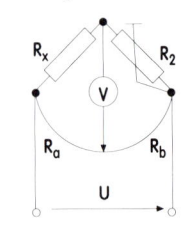	$$\frac{R_1}{R_2} = \frac{R_3}{R_4}$$ $R_1 = \dfrac{R_3 \cdot R_2}{R_4}$　　$R_2 = \dfrac{R_1 \cdot R_4}{R_3}$ $R_3 = \dfrac{R_1 \cdot R_4}{R_2}$　　$R_4 = \dfrac{R_3 \cdot R_2}{R_1}$	R_1: Widerstand 1 R_2: Widerstand 2 R_3: Widerstand 3 R_4: Widerstand 4	Ω Ω Ω Ω
Wheatstonesche Meßbrücke (Schleifdrahtmeßbrücke Berechnung der Widerstände)	$$\frac{R_x}{R_2} = \frac{R_a}{R_b}$$ $R_x = \dfrac{R_a \cdot R_2}{R_b}$　　$R_2 = \dfrac{R_x \cdot R_b}{R_a}$ $R_a = \dfrac{R_x \cdot R_b}{R_2}$　　$R_b = \dfrac{R_a \cdot R_2}{R_x}$	R_x: gesuchter Widerstand R_2: Vergleichs- widerstand R_a: Widerstand a R_b: Widerstand b	Ω Ω Ω Ω

Benennung/Abbildung	Formel/Formelumstellung	Formelzeichen	Einheiten

Wheatstonesche Meßbrücke
(Schleifdrahtmeßbrücke,
Berechnung der Drahtlängen)

$$\frac{R_x}{R_2} = \frac{a}{b}$$

$$R_x = \frac{a \cdot R_2}{b} \qquad R_2 = \frac{R_x \cdot b}{a}$$

$$a = \frac{R_x \cdot b}{R_2} \qquad b = \frac{a \cdot R_2}{R_x}$$

R_x: gesuchter Widerstand — Ω

R_2: Vergleichs- widerstand — Ω

a: Drahtlänge a — m

b: Drahtlänge b — m

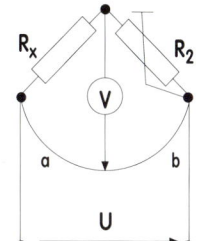

Benennung/Abbildung	Formel/Formelumstellung	Formelzeichen	Einheiten
Spannungsfall auf Leitungen (Gleichspannung) **Einzelleiter** 	$U_V = \dfrac{I \cdot \varrho \cdot l}{A}$ $I = \dfrac{U_V \cdot A}{\varrho \cdot l}$ $\varrho = \dfrac{U_V \cdot A}{I \cdot l}$ $l = \dfrac{U_V \cdot A}{I \cdot \varrho}$ $A = \dfrac{I \cdot \varrho \cdot l}{U_V}$ $U_V = \dfrac{I \cdot l}{\varkappa \cdot A}$ $I = \dfrac{U_V \cdot \varkappa \cdot A}{l}$ $l = \dfrac{U_V \cdot \varkappa \cdot A}{I}$ $\varkappa = \dfrac{I \cdot l}{A \cdot U_V}$ $A = \dfrac{I \cdot l}{\varkappa \cdot U_V}$ $U_V = I \cdot R_L$ $I = \dfrac{U_V}{R_L}$ $R_L = \dfrac{U_V}{I}$	U_V: Spannungsfall I: Stromstärke l: Leiterlänge A: Leiterquerschnitt R_L: Leiterwiderstand ϱ: Spezifischer Widerstand $\varkappa$: elektrische Leitfähigkeit R_a: Lastwiderstand	V A m mm^2 Ω $\dfrac{\Omega \cdot mm^2}{m}$ $1\,\mu\Omega \cdot m =$ $1\,\dfrac{\Omega \cdot mm^2}{m}$ $\dfrac{S \cdot m}{mm^2}$ $1\,\dfrac{MS}{m} =$ $1\,\dfrac{S \cdot m}{mm^2}$ Ω *Fortsetzung*

Benennung/Abbildung	Formel/Formelumstellung	Formelzeichen	Einheiten

Fortsetzung
Spannungsfall auf Leitungen (Gleichspannung)

Doppelleiter

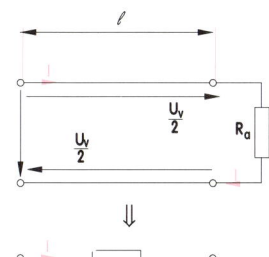

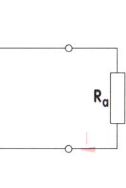

$$U_V = \frac{I \cdot \varrho \cdot 2 \cdot l}{A}$$

$$I = \frac{U_V \cdot A}{\varrho \cdot 2 \cdot l} \qquad \varrho = \frac{U_V \cdot A}{I \cdot 2 \cdot l}$$

$$l = \frac{U_V \cdot A}{I \cdot \varrho \cdot 2} \qquad A = \frac{I \cdot \varrho \cdot 2 \cdot l}{U_V}$$

$$U_V = \frac{I \cdot 2 \cdot l}{\varkappa \cdot A}$$

$$I = \frac{U_V \cdot \varkappa \cdot A}{2 \cdot l} \qquad l = \frac{U_V \cdot \varkappa \cdot A}{I \cdot 2}$$

$$\varkappa = \frac{I \cdot 2 \cdot l}{A \cdot U_V} \qquad A = \frac{I \cdot 2 \cdot l}{\varkappa \cdot U_V}$$

U_V: Spannungsfall
I: Stromstärke
l: Leiterlänge
A: Leiterquerschnitt
R_L: Leiterwiderstand

ϱ: Spezifischer Widerstand

$\varkappa$: elektrische Leitfähigkeit

R_a: Lastwiderstand

V
A
m
mm^2
Ω

$\dfrac{\Omega \cdot mm^2}{m}$

$1\,\mu\Omega \cdot m =$

$1\,\dfrac{\Omega \cdot mm^2}{m}$

$\dfrac{S \cdot m}{mm^2}$

$1\,\dfrac{MS}{m} =$

$1\,\dfrac{S \cdot m}{mm^2}$

Ω

Benennung/Abbildung	Formel/Formelumstellung	Formelzeichen	Einheiten
Temperaturunterschied	$\Delta\delta = \delta_2 - \delta_1$ $\delta_2 = \Delta\delta + \delta_1 \qquad \delta_1 = \delta_2 - \Delta\delta$	$\Delta\delta$: Temperatur- unterschied δ_2: Endtemperatur δ_1: Anfangs- temperatur	K $^{\circ}$C $^{\circ}$C $0\,$K $= -273\,^{\circ}$C $0\,^{\circ}$C $- 273\,$K
Kaltleiter $\alpha > 0$ (PTC) PTC $\triangleq$ positive temperature coefficient	$R_{\mathrm{W}} = R_{20} \cdot (1 + \alpha \cdot \Delta\delta)$ $R_{20} = \dfrac{R_{\mathrm{W}}}{1 + \alpha \cdot \Delta\delta}$ $R_{\mathrm{W}} = R_{20} + R_{20} \cdot \alpha \cdot \Delta\delta$ $\alpha = \dfrac{R_{\mathrm{W}} - R_{20}}{R_{20} \cdot \Delta\delta} \qquad \Delta\delta = \dfrac{R_{\mathrm{W}} - R_{20}}{R_{20} \cdot \alpha}$ $\Delta R = R_{\mathrm{W}} - R_{20}$ $R_{\mathrm{W}} = \Delta R + R_{20} \qquad R_{20} = R_{\mathrm{W}} - \Delta R$	R_{W}: Veränderter Widerstand (z.B. Warm- widerstand) R_{20}: Widerstand bei 20 $^{\circ}$C α: Temperatur- beiwert $\Delta\delta$: Temperatur- unterschied ΔR: Widerstands- unterschied	 Ω Ω $\dfrac{1}{\mathrm{K}}$ K Ω

Benennung/Abbildung	Formel/Formelumstellung	Formelzeichen	Einheiten

Heißleiter $\alpha < 0$
(NTC)

NTC $\triangleq$ negative temperature coefficient

$$R_W = R_{20} \cdot (1 + \alpha \cdot \Delta\delta)$$

$$R_{20} = \frac{R_W}{1 + \alpha \cdot \Delta\delta}$$

$$R_W = R_{20} + R_{20} \cdot \alpha \cdot \Delta\delta$$

$$\alpha = \frac{R_W - R_{20}}{R_{20} \cdot \Delta\delta} \qquad \Delta\delta = \frac{R_W - R_{20}}{R_{20} \cdot \alpha}$$

$$\Delta\delta = \delta_2 - \delta_1$$

$$\delta_2 = \Delta\delta + \delta_1 \qquad \delta_1 = \delta_2 - \Delta\delta$$

R_W: Veränderter Widerstand (z.B. Warmwiderstand) — Ω

R_{20}: Widerstand bei 20 °C — Ω

α: Temperaturbeiwert — $\frac{1}{K}$

$\Delta\delta$: Temperaturunterschied — K

δ_2: Endtemperatur — °C

δ_1: Anfangstemperatur — °C

Benennung/Abbildung	Formel/Formelumstellung	Formelzeichen	Einheiten
Längenausdehnung durch Erwärmung 	$l_2 = l_1 \cdot (1 + \alpha \cdot \Delta\delta)$ $l_1 = \dfrac{l_2}{1 + \alpha \cdot \Delta\delta}$ $l_2 = l_1 + l_1 \cdot \alpha \cdot \Delta\delta$ $\alpha = \dfrac{l_2 - l_1}{l_1 \cdot \Delta\delta}$ $\Delta\delta = \dfrac{l_2 - l_1}{l_1 \cdot \alpha}$ $\Delta l = l_2 - l_1$ $l_2 = \Delta l + l_1$ $l_1 = l_2 - \Delta l$ $\Delta\delta = \delta_2 - \delta_1$ $\delta_2 = \Delta\delta + \delta_1$ $\delta_1 = \delta_2 - \Delta\delta$ $\alpha_{Fe} = 0{,}000\ 012\ \dfrac{1}{K}$ $\alpha_{Cu} = 0{,}000\ 019\ \dfrac{1}{K}$	l_2: Länge bei Endtemperatur l_1: Länge bei 20 °C Δl: Längenunterschied α: Ausdehnungszahl $\Delta\delta$: Temperaturunterschied δ_1: Anfangstemperatur δ_2: Endtemperatur	m m m $\dfrac{1}{K}$ K °C °C $0\ K = -273\ °C$ $0\ °C = 273\ K$

Benennung/Abbildung	Formel/Formelumstellung	Formelzeichen	Einheiten
Nutzwärme	$Q_N = m \cdot c \cdot \Delta\delta$ $m = \dfrac{Q_N}{c \cdot \Delta\delta}$ $c = \dfrac{Q_N}{m \cdot \Delta\delta}$ $\Delta\delta = \dfrac{Q_N}{m \cdot c}$	Q_N: Nutzwärme m: Masse c: spezifische Wärmekapazität $\Delta\delta$: Temperaturunterschied	kJ kg $\dfrac{kJ}{kg \cdot K}$ K 4190 J ≈ 4,2 kJ erwärmen 1 kg Wasser um 1 K
Stromwärme	$Q_S = P \cdot t \cdot 3600$ $P = \dfrac{Q_S}{t \cdot 3600}$ $t = \dfrac{Q_S}{P \cdot 3600}$	Q_S: Stromwärme P: Leistung t: Zeit	kJ kW h 1 kWh = 3600 kJ 1 Ws = 1 J

Benennung/Abbildung	Formel/Formelumstellung	Formelzeichen	Einheiten
Wärmewirkungsgrad 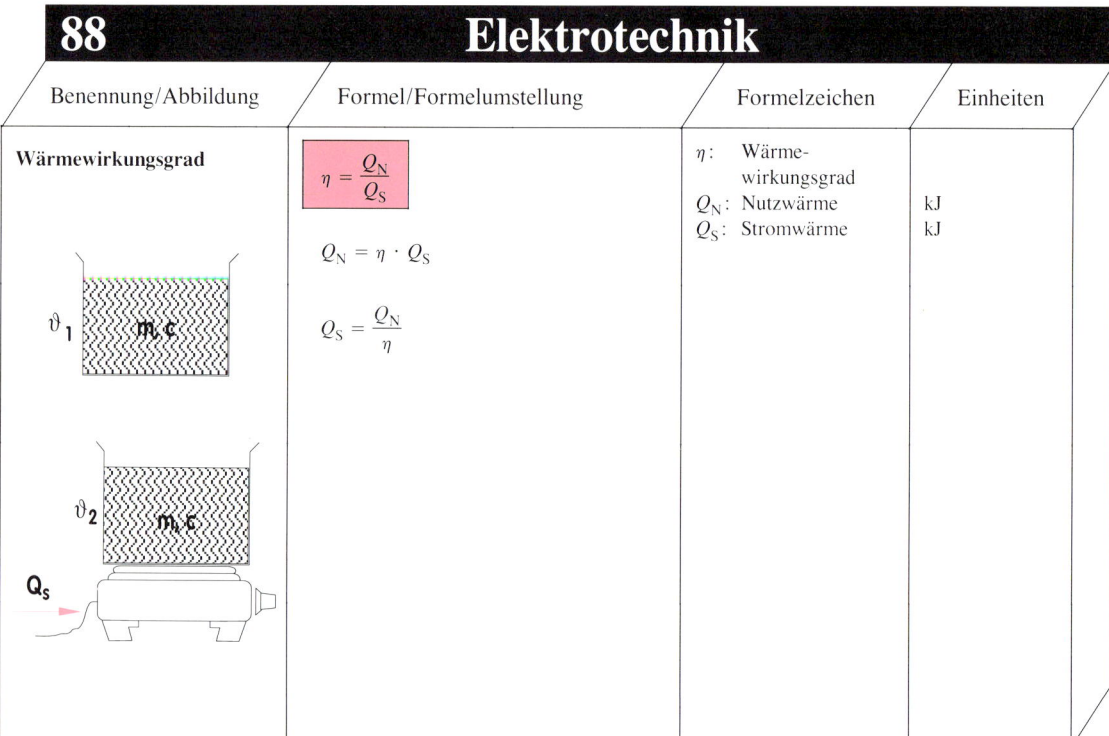	$$\eta = \dfrac{Q_N}{Q_S}$$ $Q_N = \eta \cdot Q_S$ $Q_S = \dfrac{Q_N}{\eta}$	η: Wärme- wirkungsgrad Q_N: Nutzwärme Q_S: Stromwärme	 kJ kJ

Benennung/Abbildung	Formel/Formelumstellung	Formelzeichen	Einheiten
Galvanische Spannungsquellen Urspannung oder Quellenspannung	$U_0 = U_K + U_i$ $U_K = U_0 - U_i \qquad U_i = U_0 - U_K$	U_0: Urspannung U_K: Klemmenspannung U_i: Spannungsabfall	V V V
Klemmenspannung 	$U_K = U_0 - U_i$ $U_0 = U_K + U_i \qquad U_i = U_0 - U_K$ $U_i = I \cdot R_i$ $I = \dfrac{U_i}{R_i} \qquad R_i = \dfrac{U_i}{I}$	U_K: Klemmenspannung U_0: Urspannung U_i: Spannungsabfall I: Stromstärke R_i: Innenwiderstand	V V V A Ω

Benennung/Abbildung	Formel/Formelumstellung	Formelzeichen	Einheiten
Widerstände 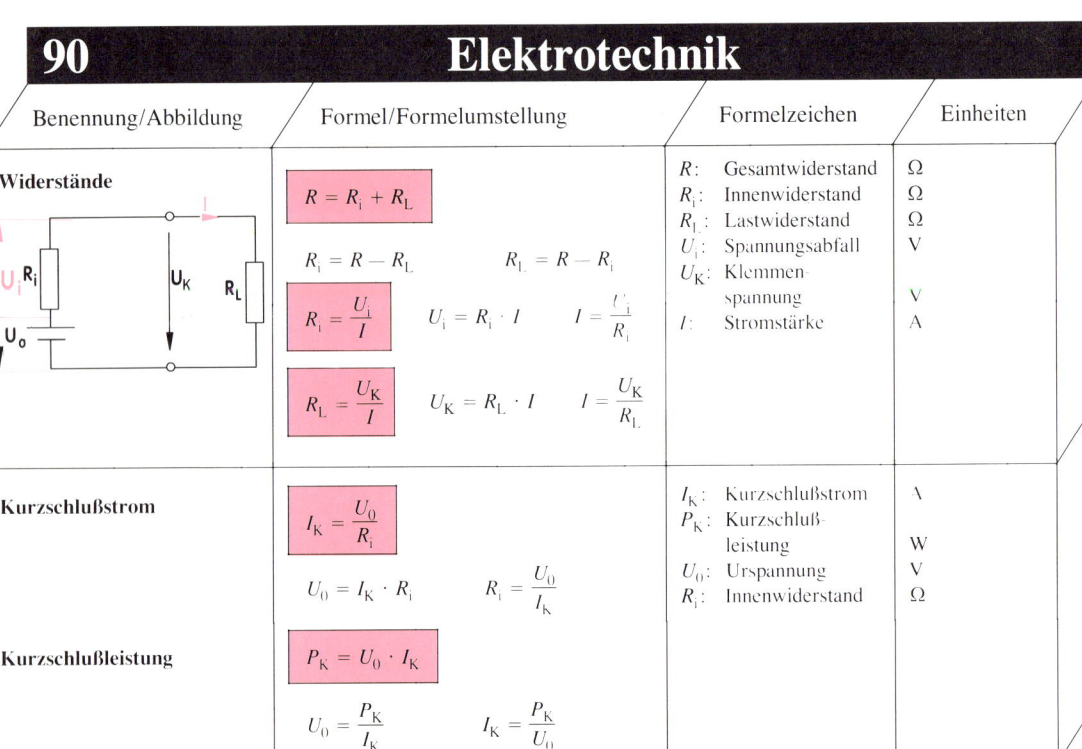	$R = R_i + R_L$ $R_i = R - R_L \qquad R_L = R - R_i$ $R_i = \dfrac{U_i}{I} \qquad U_i = R_i \cdot I \qquad I = \dfrac{U_i}{R_i}$ $R_L = \dfrac{U_K}{I} \qquad U_K = R_L \cdot I \qquad I = \dfrac{U_K}{R_L}$	R: Gesamtwiderstand R_i: Innenwiderstand R_L: Lastwiderstand U_i: Spannungsabfall U_K: Klemmen-spannung I: Stromstärke	Ω Ω Ω V V A
Kurzschlußstrom **Kurzschlußleistung**	$I_K = \dfrac{U_0}{R_i}$ $U_0 = I_K \cdot R_i \qquad R_i = \dfrac{U_0}{I_K}$ $P_K = U_0 \cdot I_K$ $U_0 = \dfrac{P_K}{I_K} \qquad I_K = \dfrac{P_K}{U_0}$	I_K: Kurzschlußstrom P_K: Kurzschluß-leistung U_0: Urspannung R_i: Innenwiderstand	A W V Ω

Benennung/Abbildung	Formel/Formelumstellung	Formelzeichen	Einheiten
Innenwiderstand bei Belastung 	$\Delta U_{K} = U_{K_2} - U_{K_1}$ $U_{K_2} = \Delta U_{K} + U_{K_1}$ $U_{K_1} = U_{K_2} - \Delta U_{K}$ $\Delta I = I_1 - I_2$ $I_1 = \Delta I + I_2 \qquad I_2 = I_1 - \Delta I$ $R_{i} = \dfrac{\Delta U_{K}}{\Delta I}$ $\Delta U_{K} = R_{i} \cdot \Delta I \qquad \Delta I = \dfrac{\Delta U_{K}}{R_{i}}$	R_{i}: Innenwiderstand ΔU_{K}: Unterschied der Klemmenspannung U_{K_2}: Klemmenspannung 2 U_{K_1}: Klemmenspannung 1 ΔI: Unterschied der Stromstärke I_1: Stromstärke 1 I_2: Stromstärke 2	Ω V V V A A A

Elektrotechnik

Benennung/Abbildung	Formel/Formelumstellung	Formelzeichen	Einheiten

Leistung und Leistungsanpassung

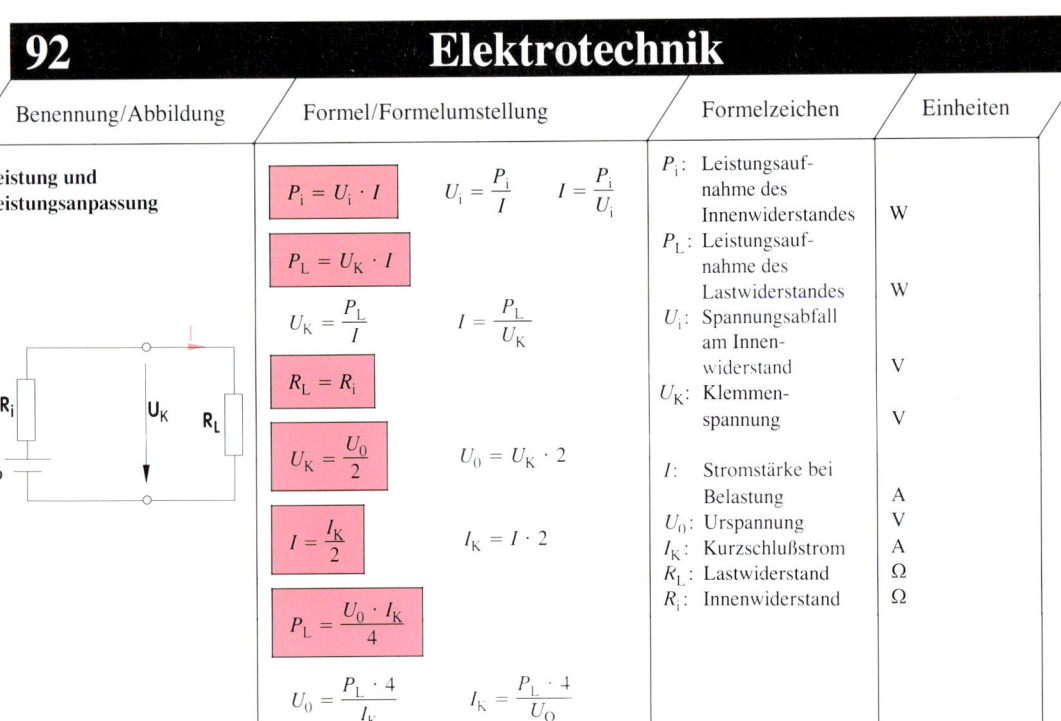

$$P_i = U_i \cdot I \qquad U_i = \frac{P_i}{I} \qquad I = \frac{P_i}{U_i}$$

$$P_L = U_K \cdot I$$

$$U_K = \frac{P_L}{I} \qquad I = \frac{P_L}{U_K}$$

$$R_L = R_i$$

$$U_K = \frac{U_0}{2} \qquad U_0 = U_K \cdot 2$$

$$I = \frac{I_K}{2} \qquad I_K = I \cdot 2$$

$$P_L = \frac{U_0 \cdot I_K}{4}$$

$$U_0 = \frac{P_L \cdot 4}{I_K} \qquad I_K = \frac{P_L \cdot 4}{U_O}$$

Formelzeichen:

P_i: Leistungsaufnahme des Innenwiderstandes — W

P_L: Leistungsaufnahme des Lastwiderstandes — W

U_i: Spannungsabfall am Innenwiderstand — V

U_K: Klemmenspannung — V

I: Stromstärke bei Belastung — A

U_0: Urspannung — V

I_K: Kurzschlußstrom — A

R_L: Lastwiderstand — Ω

R_i: Innenwiderstand — Ω

Benennung/Abbildung	Formel/Formelumstellung	Formelzeichen	Einheiten
Elektrolyse Metall Ionenwanderung Werkstück	$m = c \cdot I \cdot t$ $c = \dfrac{m}{I \cdot t}$ $I = \dfrac{m}{c \cdot t}$ $t = \dfrac{m}{c \cdot I}$ $\eta = \dfrac{m}{c \cdot I \cdot t}$ $m = \eta \cdot c \cdot I \cdot t$ $c = \dfrac{m}{\eta \cdot I \cdot t}$ $I = \dfrac{m}{\eta \cdot c \cdot t}$ $t = \dfrac{m}{\eta \cdot c \cdot I}$	m: Abgeschiedene Stoffmenge (Masse) c: Elektrochemisches Äquivalent I: Stromstärke t: Zeit η: Wirkungsgrad	g $\dfrac{g}{Ah}$ A h $1 \dfrac{mg}{As} = \dfrac{3{,}6\,g}{Ah}$

Benennung/Abbildung	Formel/Formelumstellung	Formelzeichen	Einheiten
Stromdichte 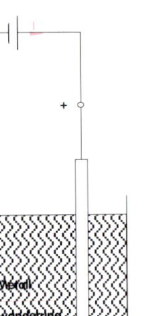	$S = \dfrac{I}{A}$ $I = S \cdot A$ $A = \dfrac{I}{S}$	S: Stromdichte	$\dfrac{A}{cm^2}$
Schichtdicke	$s = \dfrac{m}{A \cdot \varrho}$ $m = s \cdot A \cdot \varrho$ $A = \dfrac{m}{\varrho \cdot s}$ $\varrho = \dfrac{m}{A \cdot s}$ $s = \dfrac{c \cdot I \cdot t}{A \cdot \varrho}$ $c = \dfrac{s \cdot A \cdot \varrho}{I \cdot t}$ $I = \dfrac{s \cdot A \cdot \varrho}{c \cdot t}$ $t = \dfrac{s \cdot A \cdot \varrho}{c \cdot I}$ $A = \dfrac{c \cdot I \cdot t}{\varrho \cdot s}$ $\varrho = \dfrac{c \cdot I \cdot t}{A \cdot s}$ $s = \dfrac{c \cdot S \cdot t}{\varrho}$ $c = \dfrac{s \cdot \varrho}{S \cdot t}$ $S = \dfrac{s \cdot \varrho}{c \cdot t}$ $t = \dfrac{s \cdot \varrho}{c \cdot S}$ $\varrho = \dfrac{c \cdot S \cdot t}{s}$	S: Stromdichte I: Stromstärke A: Fläche s: Schichtdicke m: abgeschiedene Stoffmenge (Masse) ϱ: Dichte t: Zeit c: Elektrochemisches Äquivalent	$\dfrac{A}{cm^2}$ A cm^2 cm g $\dfrac{g}{cm^3}$ h $\dfrac{g}{Ah}$

Benennung/Abbildung	Formel/Formelumstellung	Formelzeichen	Einheiten
Dreieck-Stern-Umwandlung	$R_{10} = \dfrac{R_{12} \cdot R_{13}}{R_{12} + R_{13} + R_{23}}$ $R_{20} = \dfrac{R_{12} \cdot R_{23}}{R_{12} + R_{13} + R_{23}}$ $R_{30} = \dfrac{R_{13} \cdot R_{23}}{R_{12} + R_{13} + R_{23}}$	R_{10}: Sternwiderstand 10 R_{20}: Sternwiderstand 20 R_{30}: Sternwiderstand 30 R_{12}: Dreieck- widerstand 12 R_{13}: Dreieck- widerstand 13 R_{23}: Dreieck- widerstand 23	Ω Ω Ω Ω Ω Ω
Stern-Dreieck-Umwandlung	$R_{12} = \dfrac{R_{10} \cdot R_{20} + R_{10} \cdot R_{30} + R_{20} \cdot R_{30}}{R_{30}}$ $R_{13} = \dfrac{R_{10} \cdot R_{20} + R_{10} \cdot R_{30} + R_{20} \cdot R_{30}}{R_{20}}$ $R_{23} = \dfrac{R_{10} \cdot R_{20} + R_{10} \cdot R_{30} + R_{20} \cdot R_{30}}{R_{10}}$	R_{12}: Dreieck- widerstand 12 R_{13}: Dreieck- widerstand 13 R_{23}: Dreieck- widerstand 23 R_{10}: Sternwiderstand 10 R_{20}: Sternwiderstand 20 R_{30}: Sternwiderstand 30	Ω Ω Ω Ω Ω Ω

Benennung/Abbildung	Formel/Formelumstellung	Formelzeichen	Einheiten
Magnetischer Widerstand (ohne Eisenkern) 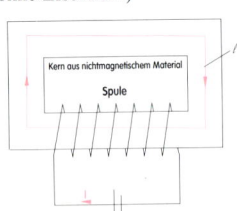	$R_{\mathrm{m}} = \dfrac{l}{\mu_0 \cdot A}$ $l = R_{\mathrm{m}} \cdot \mu_0 \cdot A$ $\mu_0 = \dfrac{l}{A \cdot R_{\mathrm{m}}}$ $A = \dfrac{l}{\mu_0 \cdot R_{\mathrm{m}}}$	R_{m}: magn. Widerstand l: mittlere Feldlinienlänge A: Polquerschnitt μ_0: magn. Feldkonstante	$\dfrac{1}{\Omega s}$ m m² $1{,}257 \cdot 10^{-6}$ $\dfrac{\mathrm{Vs}}{\mathrm{Am}}$
Magnetischer Widerstand (mit Eisenkern) 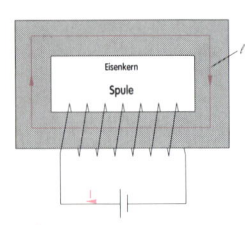	$R_{\mathrm{m}} = \dfrac{l}{\mu_0 \cdot \mu_{\mathrm{r}} \cdot A}$ $l = R_{\mathrm{m}} \cdot \mu_0 \cdot \mu_{\mathrm{r}} \cdot A$ $\mu_0 = \dfrac{l}{\mu_{\mathrm{r}} \cdot A \cdot R_{\mathrm{m}}}$ $\mu_{\mathrm{r}} = \dfrac{l}{\mu_0 \cdot A \cdot R_{\mathrm{m}}}$ $A = \dfrac{l}{\mu_0 \cdot \mu_{\mathrm{r}} \cdot R_{\mathrm{m}}}$	R_{m}: magn. Widerstand l: mittlere Feldlinienlänge A: Polquerschnitt μ_{r}: Permeabilitätszahl μ_0: magn. Feldkonstante	$\dfrac{1}{\Omega s}$ m m² $1{,}257 \cdot 10^{-6}$ $\dfrac{\mathrm{Vs}}{\mathrm{Am}}$

Benennung/Abbildung	Formel/Formelumstellung	Formelzeichen	Einheiten
Magnetischer Leitwert	$\Lambda = \dfrac{1}{R_m}$ $\qquad R_m = \dfrac{1}{\Lambda}$	Λ: magn. Leitwert R_m: magn. Widerstand	H $\dfrac{1}{\Omega s}$
Elektrische Durchflutung	$\Theta = I \cdot N$ $\qquad I = \dfrac{\Theta}{N} \qquad N = \dfrac{\Theta}{I}$	Θ: elektr. Durchflutung I: Stromstärke N: Windungszahl	A A
Magnetische Feldstärke 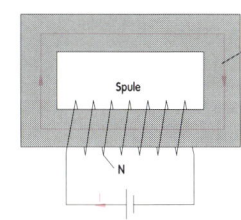	$H = \dfrac{I \cdot N}{l} \qquad I = \dfrac{H \cdot l}{N}$ $N = \dfrac{H \cdot l}{I} \qquad l = \dfrac{I \cdot N}{H}$ $H = \dfrac{\Theta}{l} \qquad \Theta = H \cdot l \qquad l = \dfrac{\Theta}{H}$	H: magn. Feldstärke I: Stromstärke N: Windungszahl Θ: elektr. Durchflutung l: mittlere Feldlinienlänge	$\dfrac{A}{m}$ A A m

Elektrotechnik

Benennung/Abbildung	Formel/Formelumstellung	Formelzeichen	Einheiten
Magnetische Feldstärke (außerhalb des Leiters) ⊗ Strom fließt vom Betrachter weg ⊙ Strom fließt auf den Betrachter zu	$$H = \frac{I}{2 \cdot \pi \cdot x}$$ $I = H \cdot 2 \cdot \pi \cdot x$ $$x = \frac{I}{2 \cdot \pi \cdot H}$$	H: magn. Feldstärke I: Stromstärke x: Abstand vom Leitermittelpunkt π: $3,14\ldots$	$\dfrac{A}{m}$ A m

Benennung/Abbildung	Formel/Formelumstellung	Formelzeichen	Einheiten
Magnetische Flußdichte **Magnetische Induktion** (ohne Eisenkern) 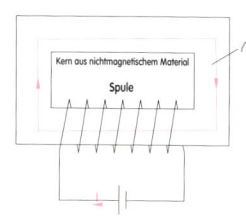	$B = \dfrac{\mu_0 \cdot I \cdot N}{l}$ $\mu_0 = \dfrac{B \cdot l}{I \cdot N}$ $\qquad I = \dfrac{B \cdot l}{\mu_0 \cdot N}$ $N = \dfrac{B \cdot l}{\mu_0 \cdot I}$ $\qquad l = \dfrac{\mu_0 \cdot I \cdot N}{B}$ $B = \mu_0 \cdot H$ $\mu_0 = \dfrac{B}{H}$ $\qquad H = \dfrac{B}{\mu_0}$	B: magn. Flußdichte H: magn. Feldstärke I: Stromstärke N: Windungszahl l: mittlere Feldlinienlänge μ_0: magn. Feldkonstante	T $\dfrac{A}{m}$ A m $1{,}257 \cdot 10^{-6}\ \dfrac{Vs}{Am}$

Kern aus nichtmagnetischem Material
Spule

Benennung/Abbildung	Formel/Formelumstellung	Formelzeichen	Einheiten
Magnetische Flußdichte **Magnetische Induktion** (mit Eisen) Eisenkern / Spule	$$B = \frac{\mu_0 \cdot \mu_r \cdot I \cdot N}{l}$$ $\mu_0 = \dfrac{B \cdot l}{\mu_r \cdot I \cdot N}$ $\mu_r = \dfrac{B \cdot l}{\mu_0 \cdot I \cdot N}$ $I = \dfrac{B \cdot l}{\mu_0 \cdot \mu_r \cdot N}$ $N = \dfrac{B \cdot l}{\mu_0 \cdot \mu_r \cdot I}$ $l = \dfrac{\mu_0 \cdot \mu_r \cdot I \cdot N}{B}$ $$B = \mu_0 \cdot \mu_r \cdot H \qquad \mu_0 = \frac{B}{\mu_r \cdot H}$$ $\mu_r = \dfrac{B}{\mu_0 \cdot H}$ $H = \dfrac{B}{\mu_0 \cdot \mu_r}$	B: Magn. Flußdichte H: magn. Feldstärke I: Stromstärke N: Windungszahl l: mittlere Feldlinienlänge μ_r: Permeabilitätszahl μ_0: magn. Feldkonstante	T $\dfrac{A}{m}$ A m $1{,}257 \cdot 10^{-6}\ \dfrac{Vs}{Am}$

Benennung/Abbildung	Formel/Formelumstellung	Formelzeichen	Einheiten
Magnetische Flußdichte **Magnetische Induktion** (außerhalb gestreckter Leiter) $$B = \frac{\mu_0 \cdot I}{2 \cdot \pi \cdot x}$$ $$\mu_0 = \frac{B \cdot 2 \cdot \pi \cdot x}{I}$$ $$I = \frac{B \cdot 2 \cdot \pi \cdot x}{\mu_0}$$ $$x = \frac{\mu_0 \cdot I}{2 \cdot \pi \cdot B}$$ nicht-magnetisches Material *vereinfacht:*	$$B = \frac{0{,}2 \cdot I}{10^6 \cdot x}$$ $$I = \frac{B \cdot 10^6 \cdot x}{0{,}2}$$ $$x = \frac{0{,}2 \cdot I}{10^6 \cdot B}$$	B: magn. Flußdichte I: Stromstärke x: Abstand vom Leitermittelpunkt μ_0: magn. Feldkonstante	T A m $1{,}257 \cdot 10^{-6} \frac{\text{Vs}}{\text{Am}}$ $\frac{1{,}257}{2\pi} \approx 0.2$

Benennung/Abbildung	Formel/Formelumstellung	Formelzeichen	Einheiten
Magnetischer Fluß (ohne Eisen) nicht-magnetisches Material	$$\Phi = \frac{\mu_0 \cdot A \cdot I \cdot N}{l}$$ $$\mu_0 = \frac{\Phi \cdot l}{A \cdot I \cdot N}$$ $$A = \frac{\Phi \cdot l}{\mu_0 \cdot I \cdot N}$$ $$I = \frac{\Phi \cdot l}{\mu_0 \cdot A \cdot N}$$ $$N = \frac{\Phi \cdot l}{\mu_0 \cdot A \cdot I}$$ $$l = \frac{\mu_0 \cdot A \cdot I \cdot N}{\Phi}$$	Φ: magn. Fluß A: Polquerschnitt I: Stromstärke μ_0: magn. Feldkonstante N: Windungszahl l: mittlere Feldlinienlänge	Wb, Vs m^2 A $1{,}257 \cdot 10^{-6} \frac{\text{Vs}}{\text{Am}}$ m

Benennung/Abbildung	Formel/Formelumstellung	Formelzeichen	Einheiten
Magnetischer Fluß (ohne Eisen) nicht-magnetisches Material	$$\Phi = \mu_0 \cdot A \cdot H$$ $\mu_0 = \dfrac{\Phi}{A \cdot H}$ $A = \dfrac{\Phi}{\mu_0 \cdot H}$ $H = \dfrac{\Phi}{\mu_0 \cdot A}$ $$\Phi = B \cdot A$$ $B = \dfrac{\Phi}{A}$ $A = \dfrac{\Phi}{B}$	μ_0: magn. Feld-konstante Φ: magn. Fluß A: Polquerschnitt H: magn. Feldstärke B: magn. Flußdichte	$1{,}257 \cdot 10^{-6} \dfrac{Vs}{Am}$ Wb, Vs m^2 $\dfrac{A}{m}$ T

Benennung/Abbildung	Formel/Formelumstellung	Formelzeichen	Einheiten
Magnetischer Fluß (mit Eisen) 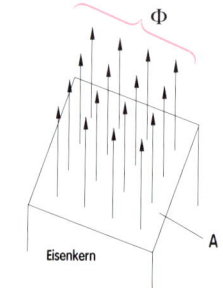	$$\Phi = \frac{\mu_0 \cdot \mu_r \cdot A \cdot I \cdot N}{l}$$ $$\mu_0 = \frac{\Phi \cdot l}{\mu_r \cdot A \cdot I \cdot N}$$ $$\mu_r = \frac{\Phi \cdot l}{\mu_0 \cdot A \cdot I \cdot N}$$ $$A = \frac{\Phi \cdot l}{\mu_0 \cdot \mu_r \cdot I \cdot N}$$ $$I = \frac{\Phi \cdot l}{\mu_0 \cdot \mu_r \cdot A \cdot N}$$ $$N = \frac{\Phi \cdot l}{\mu_0 \cdot \mu_r \cdot A \cdot I}$$ $$l = \frac{\mu_0 \cdot \mu_r \cdot A \cdot I \cdot N}{\Phi}$$	Φ: magn. Fluß A: Polquerschnitt I: Stromstärke μ_0: magn. Feldkonstante μ_r: Permeabilitätszahl l: mittlere Feldlinienlänge N: Windungszahl	Wb, Vs m^2 A $1{,}257 \cdot 10^{-6} \frac{Vs}{Am}$ m

Φ

Eisenkern

A

Benennung/Abbildung	Formel/Formelumstellung	Formelzeichen	Einheiten

Magnetischer Fluß
(mit Eisen)

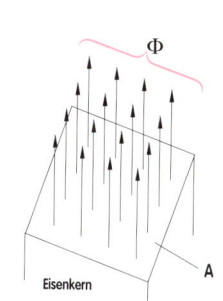

Eisenkern

$$\Phi = \mu_0 \cdot \mu_r \cdot A \cdot H$$

$$\mu_0 = \frac{\Phi}{\mu_r \cdot A \cdot H}$$

$$\mu_r = \frac{\Phi}{\mu_0 \cdot A \cdot H}$$

$$A = \frac{\Phi}{\mu_0 \cdot \mu_r \cdot H}$$

$$H = \frac{\Phi}{\mu_0 \cdot \mu_r \cdot A}$$

$$\Phi = B \cdot A$$

$$B = \frac{\Phi}{A} \qquad A = \frac{\Phi}{B}$$

μ_r: Permeabilitätszahl

μ_0: magn. Feldkonstante

Φ: magn. Fluß

A: Polquerschnitt

H: magn. Feldstärke

B: magn. Flußdichte

$1{,}257 \cdot 10^{-6} \frac{Vs}{Am}$

Wb, Vs

m^2

$\frac{A}{m}$

T

Elektrotechnik

Benennung/Abbildung	Formel/Formelumstellung	Formelzeichen	Einheiten
Energie eines magnetischen Feldes	$$W_m = \frac{L \cdot I^2}{2}$$ $$L = \frac{W_m \cdot 2}{I^2}$$ $$I = \sqrt{\frac{W_m \cdot 2}{L}}$$	W_m: magn. Kraftfeldenergie L: Induktivität I: Stromstärke	J H A
Tragkraft von Elektromagneten	$$F = \frac{B^2 \cdot A}{2 \cdot \mu_0}$$ $$A = \frac{F \cdot 2 \cdot \mu_0}{B^2}$$ $$B = \sqrt{\frac{F \cdot 2 \cdot \mu_0}{A}}$$	F: Tragkraft B: magn. Induktion A: Polquerschnitt μ_0: magn. Feldkonstante	N T m^2 $1.257 \cdot 10^{-6} \frac{Vs}{Am}$

Benennung/Abbildung	Formel/Formelumstellung	Formelzeichen	Einheiten
Ablenkkraft 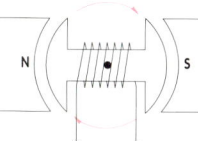	$$F = B \cdot I \cdot l \cdot z$$ $B = \dfrac{F}{I \cdot l \cdot z}$ $I = \dfrac{F}{B \cdot l \cdot z}$ $l = \dfrac{F}{B \cdot I \cdot z}$ $z = \dfrac{F}{B \cdot I \cdot l}$	F: Ablenkkraft B: magn. Induktion I: Stromstärke l: Leiterlänge z: Leiterzahl	N T A m
Induktion der Bewegung (Generatorprinzip)	$$U_0 = B \cdot l \cdot v \cdot z$$ $B = \dfrac{U_0}{l \cdot v \cdot z}$ $l = \dfrac{U_0}{B \cdot v \cdot z}$ $v = \dfrac{U_0}{B \cdot l \cdot z}$ $z = \dfrac{U_0}{B \cdot l \cdot v}$	U_0: Induzierte Spannung B: magn. Induktion l: Leiterlänge v: Geschwindigkeit z: Leiterzahl	V T m $\dfrac{m}{s}$

Benennung/Abbildung	Formel/Formelumstellung	Formelzeichen	Einheiten
Induktions- und Selbstinduktionsspannung (Induzierte Spannung in einer Spule) 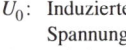 Stabmagnet	$$U_0 = \frac{N \cdot \Delta \Phi}{\Delta t}$$ $N = \dfrac{U_0 \cdot \Delta t}{\Delta \Phi}$ $\Delta \Phi = \dfrac{U_0 \cdot \Delta t}{N}$ $\Delta t = \dfrac{N \cdot \Delta \Phi}{U_0}$	U_0: Induzierte Spannung N: Windungszahl $\Delta \Phi$: magn. Flußänderung Δt: Zeitänderung	V Wb, Vs 1 Wb = 1 Vs s

Benennung/Abbildung	Formel/Formelumstellung	Formelzeichen	Einheiten
Induktivität Ohne Eisenkern 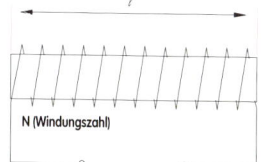 N (Windungszahl) Mit Eisenkern N (Windungszahl)	$L = \dfrac{\mu_0 \cdot A \cdot N^2}{l}$ $A = \dfrac{L \cdot l}{\mu_0 \cdot N^2}$ $N = \sqrt{\dfrac{L \cdot l}{\mu_0 \cdot A}}$ $l = \dfrac{\mu_0 \cdot A \cdot N^2}{L}$ $L = \dfrac{\mu_0 \cdot \mu_r \cdot A \cdot N^2}{l}$ $\mu_r = \dfrac{L \cdot l}{\mu_0 \cdot A \cdot N^2}$ $A = \dfrac{L \cdot l}{\mu_0 \cdot \mu_r \cdot N^2}$ $N = \sqrt{\dfrac{L \cdot l}{\mu_0 \cdot \mu_r \cdot A}}$ $l = \dfrac{\mu_0 \cdot \mu_r \cdot A \cdot N^2}{L}$ $\mu = \mu_0 \cdot \mu_r$ $\mu_0 = \dfrac{\mu}{\mu_r}$ $\mu_r = \dfrac{\mu}{\mu_0}$	L: Induktivität A: Windungs- querschnitt N: Windungszahl l: Länge der Spule μ_r: Permeabilitätszahl μ_0: magn. Feldkonstante μ: Permeabilität	H m^2 m $1.257 \cdot 10^{-6} \frac{Vs}{Am}$ $\frac{Vs}{Am}$

Benennung/Abbildung	Formel/Formelumstellung	Formelzeichen	Einheiten
Reihenschaltung von Induktivitäten 	$L = L_1 + L_2 + L_3$ $\quad L_1 = L - L_2 - L_3$ $L_2 = L - L_1 - L_3$ $\quad L_3 = L - L_1 - L_2$ $L = L_1 \cdot n$ $\quad L_1 = \dfrac{L}{n}$ $\quad n = \dfrac{L}{L_1}$	L: Gesamt- $\quad$ induktivität L_1: Induktivität 1 L_2: Induktivität 2 L_3: Induktivität 3 n: Anzahl von $\quad$ gleichen $\quad$ Induktivitäten	H H H H
Parallelschaltung von zwei Induktivitäten 	$L = \dfrac{L_1 \cdot L_2}{L_1 + L_2}$ $L_1 = \dfrac{L \cdot L_2}{L_2 - L}$ $L_2 = \dfrac{L \cdot L_1}{L_1 - L}$	L: Gesamt- $\quad$ induktivität L_1: Induktivität 1 L_2: Induktivität 2	H H H

Benennung/Abbildung	Formel/Formelumstellung	Formelzeichen	Einheiten
Parallelschaltung von Induktivitäten L_1 L_2 L_3	$$\frac{1}{L} = \frac{1}{L_1} + \frac{1}{L_2} + \frac{1}{L_3}$$ $$\frac{1}{L_1} = \frac{1}{L} - \frac{1}{L_2} - \frac{1}{L_3}$$ $$\frac{1}{L_2} = \frac{1}{L} - \frac{1}{L_1} - \frac{1}{L_3}$$ $$\frac{1}{L_3} = \frac{1}{L} - \frac{1}{L_1} - \frac{1}{L_2}$$ $$L = \frac{L_1}{n} \qquad L_1 = L \cdot n \qquad n = \frac{L_1}{L}$$	L: Gesamtinduktivität L_1: Induktivität 1 L_2: Induktivität 2 L_3: Induktivität 3 n: Anzahl von gleichen Induktivitäten	H H H H
Zeitkonstante einer Spule	$$\tau = \frac{L}{R}$$ $$L = \tau \cdot R$$ $$R = \frac{L}{\tau}$$	τ: Zeitkonstante L: Induktivität R: Widerstand $1 \cdot \tau$: Stromanstieg auf 63 % oder Stromrückgang auf 37 % $5 \cdot \tau$: Voller Anstieg bzw. Rückgang	s H Ω s s

Elektrotechnik

Benennung/Abbildung	Formel/Formelumstellung	Formelzeichen	Einheiten
Elektrische Feldstärke	$E = \dfrac{U}{d}$ $U = E \cdot d \qquad d = \dfrac{U}{E}$ $E = \dfrac{F}{Q}$ $F = E \cdot Q \qquad Q = \dfrac{F}{E}$	E: Elektrische Feldstärke U: Spannung d: Plattenabstand F: Kraft auf die Ladung im Feld Q: Ladung im Feld	$\dfrac{V}{m}$ V m N C $1\ C = 1\ As$

Benennung/Abbildung	Formel/Formelumstellung	Formelzeichen	Einheiten
Elektrische Verschiebungsdichte 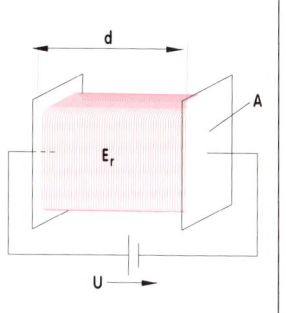	$D = \varepsilon_0 \cdot \varepsilon_r \cdot E$ $\varepsilon_r = \dfrac{D}{\varepsilon_0 \cdot E}$ $\quad$ $E = \dfrac{D}{\varepsilon_0 \cdot \varepsilon_r}$ $D = \dfrac{8{,}85 \cdot \varepsilon_r \cdot U}{10^{12} \cdot d}$ $\varepsilon_r = \dfrac{D \cdot 10^{12} \cdot d}{8{,}85 \cdot U}$ $U = \dfrac{D \cdot 10^{12} \cdot d}{8{,}85 \cdot \varepsilon_r}$ $d = \dfrac{8{,}85 \cdot \varepsilon_r \cdot U}{10^{12} \cdot D}$ $\varepsilon = \varepsilon_0 \cdot \varepsilon_r$ $\quad$ $\varepsilon_0 = \dfrac{\varepsilon}{\varepsilon_r}$ $\quad$ $\varepsilon_r = \dfrac{\varepsilon}{\varepsilon_0}$	D: Elektrische Verschiebungsdichte ε_0: Elektrische Feldkonstante ε_r: Dielektrizitätszahl ε: Dielektrizitätskonstante E: Elektrische Feldstärke U: Spannung d: Plattenabstand	$\dfrac{As}{m^2}$ $8{,}85 \cdot 10^{-12} \dfrac{As}{Vn}$ $\dfrac{As}{Vm}$ $\dfrac{V}{m}$ V m

Elektrotechnik

Benennung/Abbildung	Formel/Formelumstellung	Formelzeichen	Einheiten
Kapazität eines Kondensators 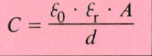	$$C = \frac{\varepsilon_0 \cdot \varepsilon_r \cdot A}{d}$$ $\varepsilon_0 = \dfrac{C \cdot d}{\varepsilon_r \cdot A}$ $\varepsilon_r = \dfrac{C \cdot d}{\varepsilon_0 \cdot A}$ $A = \dfrac{C \cdot d}{\varepsilon_0 \cdot \varepsilon_r}$ $d = \dfrac{\varepsilon_0 \cdot \varepsilon_r \cdot A}{C}$ $$\varepsilon = \varepsilon_0 \cdot \varepsilon_r$$ $\varepsilon_0 = \dfrac{\varepsilon}{\varepsilon_r}$ $\varepsilon_r = \dfrac{\varepsilon}{\varepsilon_0}$ $$C = \frac{8{,}85 \cdot \varepsilon_r \cdot A}{10^{12} \cdot d}$$	C: Kapazität A: Plattenfläche d: Plattenabstand ε_0: elektrische Feldkonstante ε_r: Dielektrizitätszahl ε: Dielektrizitätskonstante Als Einheit für C ergibt sich bei Verwendung der Zehnerpotenz unter dem Bruchstrich: $10^{12} : [C] = F$ $10^6 \ : [C] = \mu F$ $10^3 \ : [C] = nF$ $\quad 1 \ \ : [C] = pF$	F m^2 m $8{,}85 \cdot 10^{-12}\ \dfrac{As}{Vm}$ $\dfrac{As}{Vm}$

Elektrotechnik

Benennung/Abbildung	Formel/Formelumstellung	Formelzeichen	Einheiten
Zeitkonstante beim Laden bzw. Entladen eines Kondensators L+ — R — C — L-	$\tau = C \cdot R$ $C = \dfrac{\tau}{R} \qquad R = \dfrac{\tau}{C}$ $1 \cdot \tau$: auf 63 % aufgeladen bzw. auf 37 % entladen $5 \cdot \tau$: volle Auf- bzw. Entladung	τ: Zeitkonstante C: Kapazität R: Widerstand	s F Ω
Kapazität eines Kondensators für eine Funkenlöschung	$\dfrac{C \cdot U^2}{2} = \dfrac{L \cdot I^2}{2}$ $C = \dfrac{L \cdot I^2}{U^2} \qquad U = \sqrt{\dfrac{L \cdot I^2}{C}}$ $L = \dfrac{C \cdot U^2}{I^2} \qquad I = \sqrt{\dfrac{C \cdot U^2}{L}}$	U: Spannung C: Kapazität I: Stromstärke L: Induktivität	V F A H

Benennung/Abbildung	Formel/Formelumstellung	Formelzeichen	Einheiten
Reihenschaltung von Kondensatoren (Spannungsverhältnis) 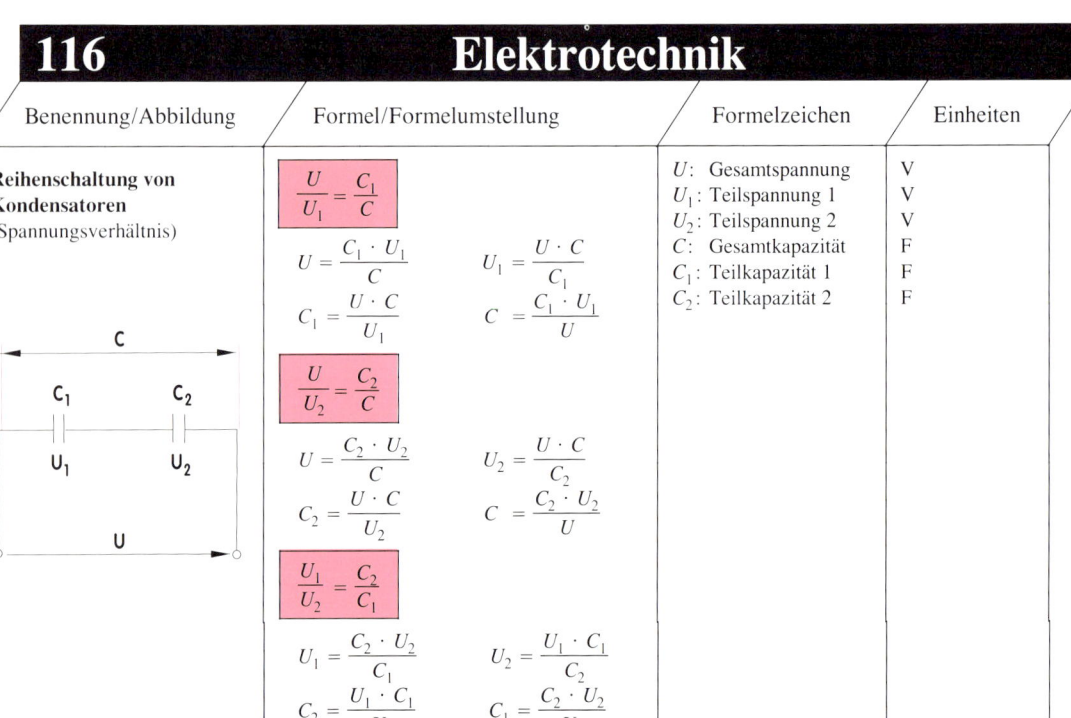	$$\frac{U}{U_1} = \frac{C_1}{C}$$ $U = \dfrac{C_1 \cdot U_1}{C}$ $\qquad U_1 = \dfrac{U \cdot C}{C_1}$ $C_1 = \dfrac{U \cdot C}{U_1}$ $\qquad C = \dfrac{C_1 \cdot U_1}{U}$ $$\frac{U}{U_2} = \frac{C_2}{C}$$ $U = \dfrac{C_2 \cdot U_2}{C}$ $\qquad U_2 = \dfrac{U \cdot C}{C_2}$ $C_2 = \dfrac{U \cdot C}{U_2}$ $\qquad C = \dfrac{C_2 \cdot U_2}{U}$ $$\frac{U_1}{U_2} = \frac{C_2}{C_1}$$ $U_1 = \dfrac{C_2 \cdot U_2}{C_1}$ $\qquad U_2 = \dfrac{U_1 \cdot C_1}{C_2}$ $C_2 = \dfrac{U_1 \cdot C_1}{U_2}$ $\qquad C_1 = \dfrac{C_2 \cdot U_2}{U_1}$	U: Gesamtspannung U_1: Teilspannung 1 U_2: Teilspannung 2 C: Gesamtkapazität C_1: Teilkapazität 1 C_2: Teilkapazität 2	V V V F F F

Benennung/Abbildung	Formel/Formelumstellung	Formelzeichen	Einheiten
Ladung eines Kondensators L_1 — R — C L_2 *Augenblicksspannung/-strom beim Laden* *Augenblicksspannung/-strom beim Entladen*	$Q = I \cdot t$ $\qquad$ $Q = C \cdot U$ $I = \dfrac{Q}{t}$ $\quad$ $t = \dfrac{Q}{I}$ $\quad$ $C = \dfrac{Q}{U}$ $\quad$ $U = \dfrac{Q}{C}$ $u_c = U \cdot \left(1 - e^{-\frac{t}{\tau}}\right)$ $\qquad$ $i_c = \dfrac{U}{R} \cdot e^{-\frac{t}{\tau}}$ $u_c = U \cdot e^{-\frac{t}{\tau}}$ $\qquad$ $i_c = -\dfrac{U}{R} \cdot e^{-\frac{t}{\tau}}$	Q: Elektrizitätsmenge I: mittlerer Ladestrom t: Zeit C: Kapazität U: Gleichspannung u_c: Augenblickswert der Kondensatorspannung i_c: Augenblickswert des Ladestromes τ: Zeitkonstante	As A s F V V A s
Reihenschaltung von zwei Kondensatoren C_1 $\quad$ C_2	$C = \dfrac{C_1 \cdot C_2}{C_1 + C_2}$ $C_1 = \dfrac{C \cdot C_2}{C_2 - C}$ $\qquad$ $C_2 = \dfrac{C \cdot C_1}{C_1 - C}$	C: Gesamtkapazität C_1: Kapazität von Kondensator 1 C_2: Kapazität von Kondensator 2	F F F

Benennung/Abbildung	Formel/Formelumstellung	Formelzeichen	Einheiten
Reihenschaltung von mehreren Kondensatoren	$$\frac{1}{C} = \frac{1}{C_1} + \frac{1}{C_2} + \frac{1}{C_3}$$ $$\frac{1}{C_1} = \frac{1}{C} - \frac{1}{C_2} - \frac{1}{C_3}$$ $$\frac{1}{C_2} = \frac{1}{C} - \frac{1}{C_1} - \frac{1}{C_3}$$ $$\frac{1}{C_3} = \frac{1}{C} - \frac{1}{C_1} - \frac{1}{C_2}$$ $$C = \frac{C_1}{n}$$ $$C_1 = C \cdot n \qquad n = \frac{C_1}{C}$$	C: Gesamtkapazität C_1: Kapazität von Kondensator 1 C_2: Kapazität von Kondensator 2 C_3: Kapazität von Kondensator 3 n: Anzahl von **gleichen** Kapazitäten	F F F F

Benennung/Abbildung	Formel/Formelumstellung	Formelzeichen	Einheiten
Parallelschaltung von mehreren Kondensatoren	$C = C_1 + C_2 + C_3$ $C_1 = C - C_2 - C_3$ $C_2 = C - C_1 - C_3$ $C_3 = C - C_1 - C_2$ $C = C_1 \cdot n$ $C_1 = \dfrac{C}{n}$ $\qquad n = \dfrac{C}{C_1}$	C: Gesamtkapazität C_1: Kapazität von Kondensator 1 C_2: Kapazität von Kondensator 2 C_3: Kapazität von Kondensator 3 n: Anzahl von **gleichen** Kapazitäten	F F F F
Energie der Spule	$W_{\mathrm{m}} = \dfrac{1}{2} \cdot L \cdot I^2$ $L = \dfrac{2 \cdot W_{\mathrm{m}}}{I^2}$ $\qquad I = \sqrt{\dfrac{2 \cdot W_{\mathrm{m}}}{L}}$	W_{m}: Magnetische Energie der Spule L: Induktivität I: Stromstärke	J H A 1 J = 1 Ws

Benennung/Abbildung	Formel/Formelumstellung	Formelzeichen	Einheiten
Energie des Kondensators 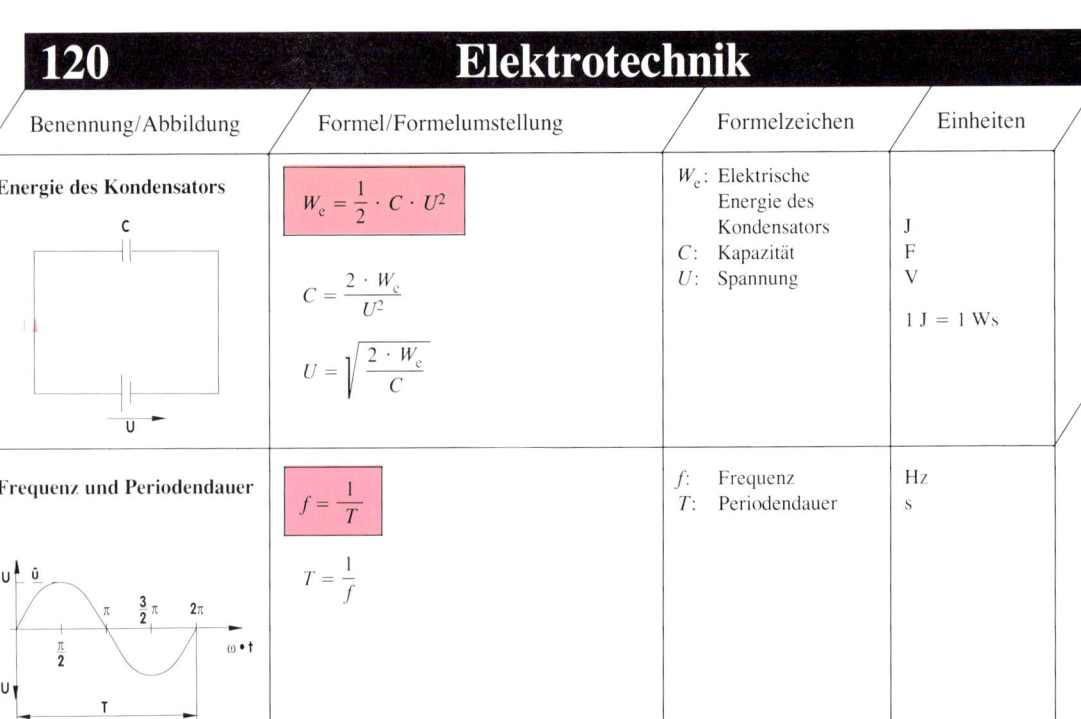	$$W_e = \frac{1}{2} \cdot C \cdot U^2$$ $$C = \frac{2 \cdot W_e}{U^2}$$ $$U = \sqrt{\frac{2 \cdot W_e}{C}}$$	W_e: Elektrische Energie des Kondensators C: Kapazität U: Spannung	J F V $1\,\text{J} = 1\,\text{Ws}$
Frequenz und Periodendauer	$$f = \frac{1}{T}$$ $$T = \frac{1}{f}$$	f: Frequenz T: Periodendauer	Hz s

Benennung/Abbildung	Formel/Formelumstellung	Formelzeichen	Einheiten
Wellenlänge (elektromagnetische Wellen)	$\lambda = \dfrac{c}{f}$ $\qquad c = \lambda \cdot f \qquad f = \dfrac{c}{\lambda}$	λ: Wellenlänge f: Frequenz c: Fortpflanzungs-geschwindigkeit	m Hz $\dfrac{m}{s}$ $c = 3{,}0 \cdot 10^8 \dfrac{m}{s}$ im Vakuum
Polpaarzahl  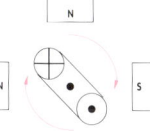	$p = \dfrac{f}{n}$ $f = p \cdot n$ $n = \dfrac{f}{p}$	p: Polpaarzahl f: Frequenz n: Drehfrequenz	Hz $\dfrac{1}{s}$

Benennung/Abbildung	Formel/Formelumstellung	Formelzeichen	Einheiten
Frequenz und Polpaare 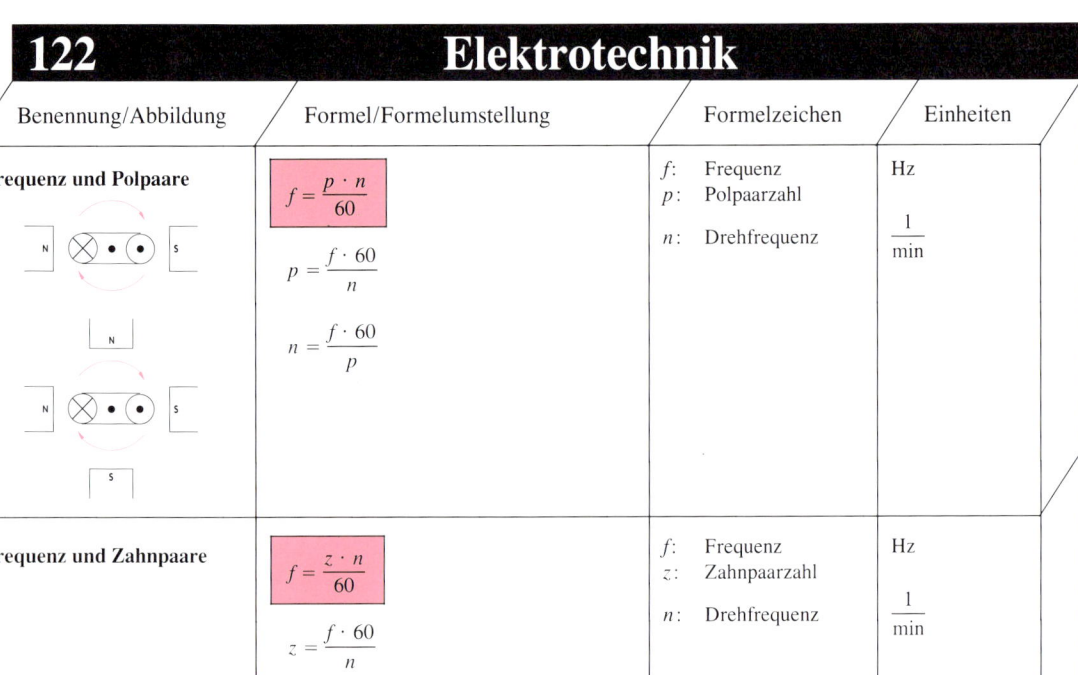	$$f = \frac{p \cdot n}{60}$$ $$p = \frac{f \cdot 60}{n}$$ $$n = \frac{f \cdot 60}{p}$$	f: Frequenz p: Polpaarzahl n: Drehfrequenz	Hz $\dfrac{1}{\min}$
Frequenz und Zahnpaare	$$f = \frac{z \cdot n}{60}$$ $$z = \frac{f \cdot 60}{n}$$ $$n = \frac{f \cdot 60}{z}$$	f: Frequenz z: Zahnpaarzahl n: Drehfrequenz	Hz $\dfrac{1}{\min}$

Benennung/Abbildung	Formel/Formelumstellung		Formelzeichen	Einheiten
Effektivwert 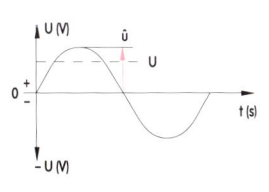	$U = \dfrac{\hat{u}}{\sqrt{2}}$ $U = \dfrac{\hat{u}}{1,414}$ $U = \hat{u} \cdot 0,707$	$\hat{u} = U \cdot \sqrt{2}$ $\hat{u} = U \cdot 1,414$ $\hat{u} = \dfrac{U}{0,707}$	U: Effektivwert der Wechselspannung $\hat{u}$: Maximalwert (Höchstwert) der Wechselspannung $\sqrt{2} = 1,414$ $\dfrac{1}{1,414} = 0,707$	V V
Maximalwert (Höchst- oder Scheitelwert) 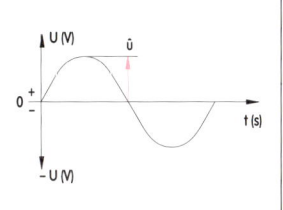	$\hat{u} = U \cdot \sqrt{2}$ $\hat{u} = U \cdot 1,414$ $\hat{u} = \dfrac{U}{0,707}$	$U = \dfrac{\hat{u}}{\sqrt{2}}$ $U = \dfrac{\hat{u}}{1,414}$ $U = u \cdot 0,707$	$\hat{u}$: Maximalwert (Höchstwert) der Wechselspannung U: Effektivwert der Wechselspannung $\sqrt{2} = 1,414$ $\dfrac{1}{1,414} = 0,707$	V V

Wechselstrom

Benennung/Abbildung	Formel/Formelumstellung	Formelzeichen	Einheiten
Spitze-Spitze-Wert 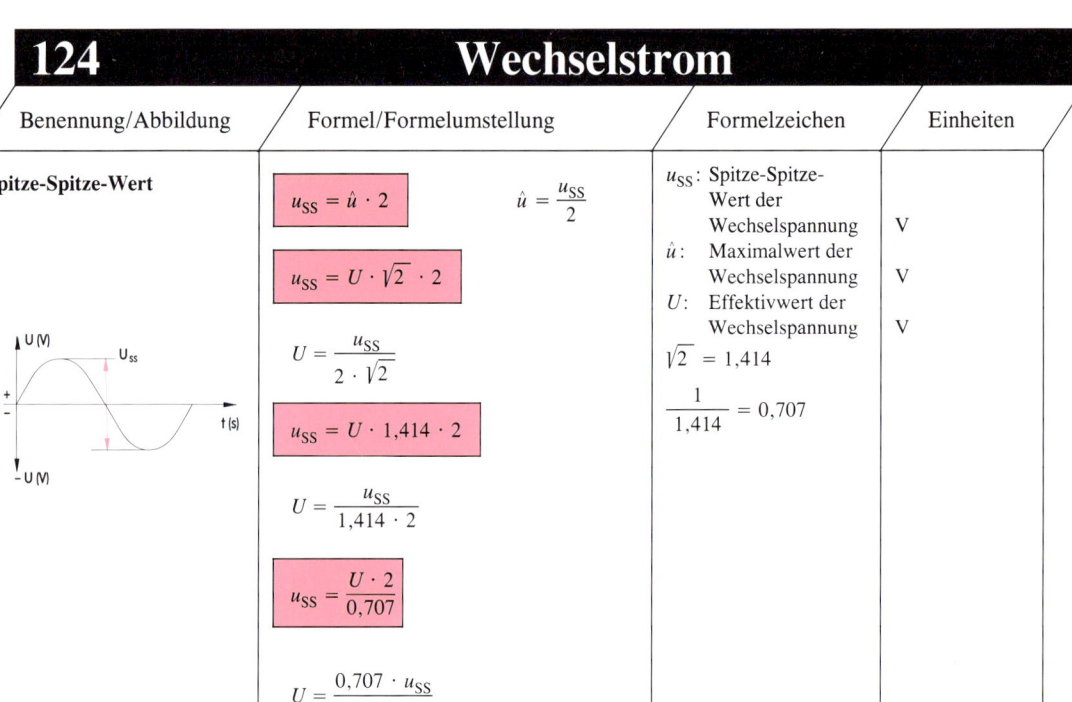	$u_{SS} = \hat{u} \cdot 2$ $\qquad \hat{u} = \dfrac{u_{SS}}{2}$ $u_{SS} = U \cdot \sqrt{2} \cdot 2$ $U = \dfrac{u_{SS}}{2 \cdot \sqrt{2}}$ $u_{SS} = U \cdot 1{,}414 \cdot 2$ $U = \dfrac{u_{SS}}{1{,}414 \cdot 2}$ $u_{SS} = \dfrac{U \cdot 2}{0{,}707}$ $U = \dfrac{0{,}707 \cdot u_{SS}}{2}$	u_{SS}: Spitze-Spitze-Wert der Wechselspannung $\hat{u}$: Maximalwert der Wechselspannung U: Effektivwert der Wechselspannung $\sqrt{2} = 1{,}414$ $\dfrac{1}{1{,}414} = 0{,}707$	V V V

Benennung/Abbildung	Formel/Formelumstellung	Formelzeichen	Einheiten
Satz des Pythagoras 	$c^2 = a^2 + b^2 \qquad c = \sqrt{a^2 + b^2}$ $a^2 = c^2 - b^2 \qquad a = \sqrt{c^2 - b^2}$ $b^2 = c^2 - a^2 \qquad b = \sqrt{c^2 - a^2}$	c: Hypothenuse a: Kathete a b: Kathete b	m m m
Kreisfrequenz	$\omega = 2 \cdot \pi \cdot f \qquad f = \dfrac{\omega}{2 \cdot \pi}$	ω: Kreisfrequenz f: Frequenz π: 3,14	$\dfrac{1}{\text{s}}$ Hz

Wechselstrom

Benennung/Abbildung	Formel/Formelumstellung	Formelzeichen	Einheiten
Induktiver Blindwiderstand X_L	$X_L = \omega \cdot L$ $\omega = \dfrac{X_L}{L}$ $L = \dfrac{X_L}{\omega}$ $X_L = \dfrac{U_L}{I}$ $U_L = I \cdot X_L$ $I = \dfrac{U_L}{X_L}$ $\omega = 2 \cdot \pi \cdot f$ $f = \dfrac{\omega}{2 \cdot \pi}$	X_L: induktiver Blindwiderstand ω: Kreisfrequenz L: Induktivität U_L: induktive Blindspannung I: Wechselstrom f: Frequenz π: 3,14	Ω $\dfrac{1}{s}$ H V A Hz
Kapazitiver Blindwiderstand X_c	$X_c = \dfrac{1}{\omega \cdot C}$ $\omega = \dfrac{1}{C \cdot X_c}$ $C = \dfrac{1}{\omega \cdot X_c}$ $X_c = \dfrac{U_c}{I}$ $U_c = I \cdot X_c$ $I = \dfrac{U_c}{X_c}$ $\omega = 2 \cdot \pi \cdot f$ $f = \dfrac{\omega}{2 \cdot \pi}$	X_c: kapazitiver Blindwiderstand ω: Kreisfrequenz C: Kapazität U_c: kapazitive Wechselspannung I: Wechselstrom f: Frequenz π: 3,14	Ω $\dfrac{1}{s}$ F V A Hz

Benennung/Abbildung	Formel/Formelumstellung	Formelzeichen	Einheiten
Reihenresonanz 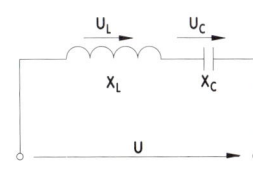	$X_L = X_C$ $\qquad \omega \cdot L = \dfrac{1}{\omega \cdot C}$ $\omega = 2 \cdot \pi \cdot f \qquad f = \dfrac{\omega}{2 \cdot \pi}$ $f_r = \dfrac{1}{2 \cdot \pi \cdot \sqrt{L \cdot C}}$ $L = \dfrac{1}{\omega^2 \cdot C} \qquad C = \dfrac{1}{\omega^2 \cdot L}$ $U_L = U_C$ $X = 0 \qquad \sphericalangle \varphi = 0 \qquad I = \infty$	f_r: Resonanzfrequenz L: Induktivität C: Kapazität X_L: Induktiver Blindwiderstand X_0: Kapazitiver Blindwiderstand X: Blindwiderstand U_L: Induktive Blindspannung U_C: Kapazitive Blindspannung I_L: Induktiver Blindstrom I_C: Kapazitiver Blindstrom I: Blindstrom ω: Kreisfrequenz	Hz H F Ω Ω Ω V V A A A $\dfrac{1}{s}$

Benennung/Abbildung	Formel/Formelumstellung	Formelzeichen	Einheiten
Parallelresonanz 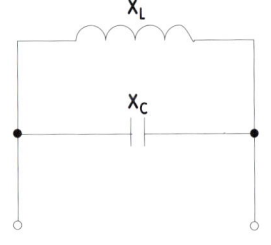	$X_L = X_C$ $\omega \cdot L = \dfrac{1}{\omega \cdot C}$ $\omega = 2 \cdot \pi \cdot f$ $f = \dfrac{\omega}{2 \cdot \pi}$ $f_r = \dfrac{1}{2 \cdot \pi \cdot \sqrt{L \cdot C}}$ $L = \dfrac{1}{\omega^2 \cdot C}$ $C = \dfrac{1}{\omega^2 \cdot L}$ $I_L = I_C$ $X = \infty$ $\sphericalangle\varphi = 0$ $I = 0$	f_r: Resonanzfrequenz L: Induktivität C: Kapazität X_L: Induktiver Blindwiderstand X_C: Kapazitiver Blindwiderstand X: Blindwiderstand U_L: Induktive Blindspannung U_C: Kapazitive Blindspannung I_L: Induktiver Blindstrom I_C: Kapazitiver Blindstrom I: Blindstrom ω: Kreisfrequenz	Hz H F Ω Ω Ω V V A A A $\dfrac{1}{s}$

Wechselstrom

Benennung/Abbildung	Formel/Formelumstellung	Formelzeichen	Einheiten
Reihenschaltung von induktiven Blindwiderständen	$X_L = X_{L1} + X_{L2} + X_{L3}$ $X_{L1} = X_L - X_{L2} - X_{L3}$ $X_{L2} = X_L - X_{L1} - X_{L3}$ $X_{L3} = X_L - X_{L1} - X_{L2}$ $U = U_1 + U_2 + U_3$ $U_1 = U - U_2 - U_3$ $U_2 = U - U_1 - U_3$ $U_3 = U - U_1 - U_2$ $I = I_1 = I_2 = I_3$	X_L: Gesamtblindwiderstand $X_{L\,1-3}$: Blindwiderstände 1—3 U: Wechselspannung U_{1-3}: Teilwechselspannung 1—3 I: Stromstärke	Ω Ω V V A

Wechselstrom

Benennung/Abbildung	Formel/Formelumstellung	Formelzeichen	Einheiten
Reihenschaltung von kapazitiven Blindwiderständen 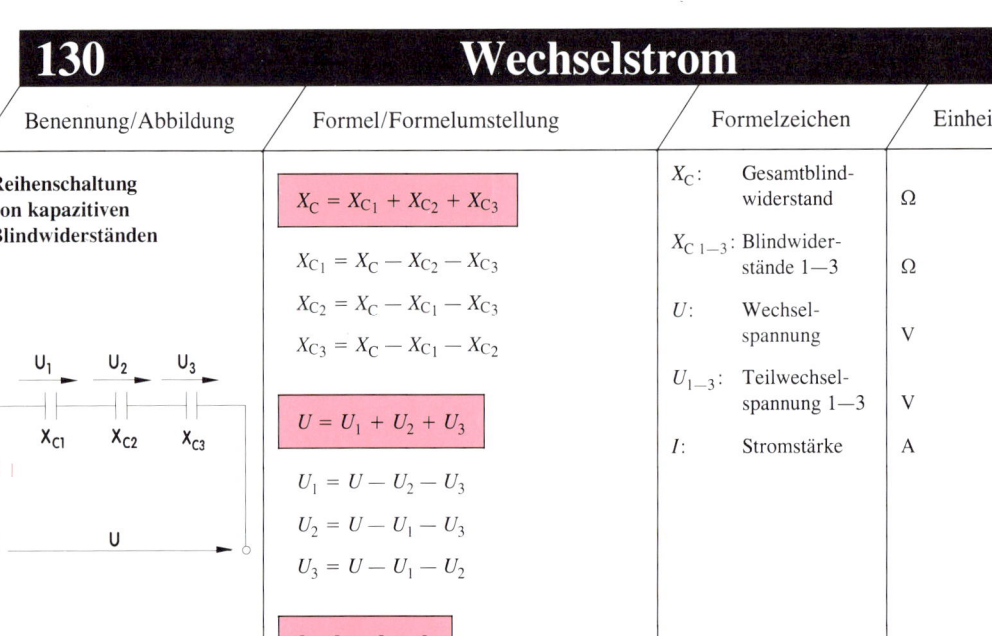	$X_C = X_{C_1} + X_{C_2} + X_{C_3}$ $X_{C_1} = X_C - X_{C_2} - X_{C_3}$ $X_{C_2} = X_C - X_{C_1} - X_{C_3}$ $X_{C_3} = X_C - X_{C_1} - X_{C_2}$ $U = U_1 + U_2 + U_3$ $U_1 = U - U_2 - U_3$ $U_2 = U - U_1 - U_3$ $U_3 = U - U_1 - U_2$ $I = I_1 = I_2 = I_3$	X_C: Gesamtblindwiderstand $X_{C\,1-3}$: Blindwiderstände 1—3 U: Wechselspannung U_{1-3}: Teilwechselspannung 1—3 I: Stromstärke	Ω Ω V V A

Benennung/Abbildung	Formel/Formelumstellung	Formelzeichen	Einheiten
Reihenschaltung von induktivem und kapazitivem Blindwiderstand 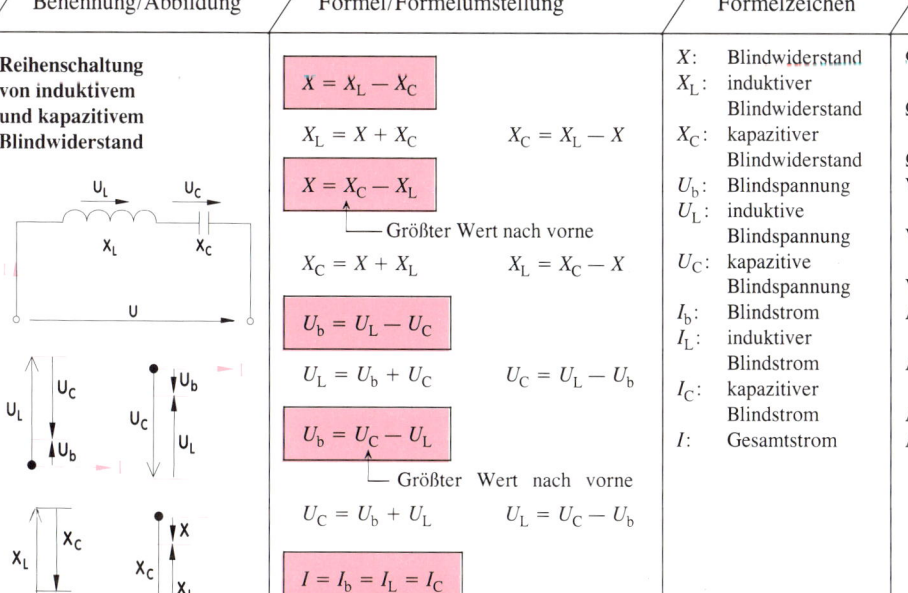	$X = X_L - X_C$ $X_L = X + X_C \qquad X_C = X_L - X$ $X = X_C - X_L$ └ Größter Wert nach vorne $X_C = X + X_L \qquad X_L = X_C - X$ $U_b = U_L - U_C$ $U_L = U_b + U_C \qquad U_C = U_L - U_b$ $U_b = U_C - U_L$ └ Größter Wert nach vorne $U_C = U_b + U_L \qquad U_L = U_C - U_b$ $I = I_b = I_L = I_C$	X: Blindwiderstand X_L: induktiver Blindwiderstand X_C: kapazitiver Blindwiderstand U_b: Blindspannung U_L: induktive Blindspannung U_C: kapazitive Blindspannung I_b: Blindstrom I_L: induktiver Blindstrom I_C: kapazitiver Blindstrom I: Gesamtstrom	Ω Ω Ω V V V A A A A

Benennung/Abbildung	Formel/Formelumstellung	Formelzeichen	Einheiten
Reihenschaltung von Wirkwiderstand und induktivem Blindwiderstand 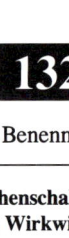 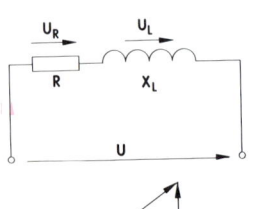 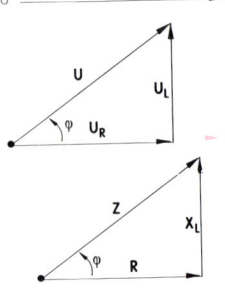	$Z^2 = R^2 + X_L^2$ $Z = \sqrt{R^2 + X_L^2}$ $R^2 = Z^2 - X_L^2 \qquad R = \sqrt{Z^2 - X_L^2}$ $X_L^2 = Z^2 - R^2 \qquad X_L = \sqrt{Z^2 - R^2}$ $U^2 = U_R^2 + U_L^2$ $U = \sqrt{U_R^2 + U_L^2}$ $U_R^2 = U^2 - U_L^2 \qquad U_R = \sqrt{U^2 - U_L^2}$ $U_L^2 = U^2 - U_R^2 \qquad U_L = \sqrt{U^2 - U_R^2}$ $I = I_R = I_L$ $I = \dfrac{U}{Z} \qquad U = I \cdot Z \qquad Z = \dfrac{U}{I}$	Z: Scheinwiderstand R: Wirkwiderstand X_L: induktiver Blindwiderstand U: Gesamtspannung U_R: Wirkspannung U_L: induktive Blindspannung I: Gesamtstrom I_R: Wirkstrom I_L: induktiver Blindstrom	Ω Ω Ω V V V A A A

Fortsetzung

Benennung/Abbildung	Formel/Formelumstellung	Formelzeichen	Einheiten
Fortsetzung **Reihenschaltung von Wirkwiderstand und induktivem Blindwiderstand** 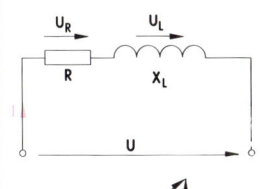 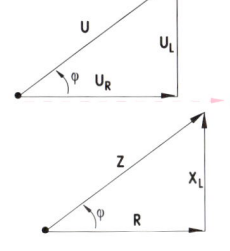	$I_R = \dfrac{U_R}{R}$ $U_R = I_R \cdot R$ $R = \dfrac{U_R}{I_R}$ $I_L = \dfrac{U_L}{X_L}$ $U_L = I_L \cdot X_L$ $X_L = \dfrac{U_L}{I_L}$ Güte einer Spule $Q = \dfrac{X_L}{R}$ $X_L = Q \cdot R$ $R = \dfrac{X_L}{Q}$ $Q = \dfrac{1}{\tan \delta}$ $\tan \delta = \dfrac{1}{Q}$	R : Wirkwiderstand X_L : induktiver Blindwiderstand U_R : Wirkspannung U_L : induktive Blindspannung I_R : Wirkstrom I_L : induktiver Blindstrom Q : Güte δ : Verlustwinkel	Ω Ω V V A A ° (Grad) oder rad

Benennung/Abbildung	Formel/Formelumstellung	Formelzeichen	Einheiten
Reihenschaltung von Wirkwiderstand und kapazitivem Blindwiderstand	$Z^2 = R^2 + X_C^2$ $Z = \sqrt{R^2 + X_C^2}$ $R^2 = Z^2 - X_C^2 \qquad R = \sqrt{Z^2 - X_C^2}$ $X_C^2 = Z^2 - R^2 \qquad X_C = \sqrt{Z^2 - R^2}$ $U^2 = U_R^2 + U_C^2$ $U = \sqrt{U_R^2 + U_C^2}$ $U_R^2 = U^2 - U_C^2 \qquad U_R = \sqrt{U^2 - U_C^2}$ $U_C^2 = U^2 - U_R^2 \qquad U_C = \sqrt{U^2 - U_R^2}$	Z: Scheinwiderstand R: Wirkwiderstand X_C: kapazitiver Blindwiderstand U: Gesamtspannung U_R: Wirkspannung U_C: kapazitive Blindspannung	Ω Ω Ω V V V

Fortsetzung

Benennung/Abbildung	Formel/Formelumstellung	Formelzeichen	Einheiten

Fortsetzung
Reihenschaltung von Wirkwiderstand und kapazitivem Blindwiderstand

$$I = I_R = I_C$$

$$I = \frac{U}{Z}$$

$$U = I \cdot Z \qquad Z = \frac{U}{I}$$

$$I_R = \frac{U_R}{R}$$

$$U_R = I_R \cdot R \qquad R = \frac{U_R}{I_R}$$

$$I_C = \frac{U_C}{X_C}$$

$$U_C = I_C \cdot X_C \qquad X_C = \frac{U_C}{I_C}$$

Formelzeichen:

I: Gesamtstrom — A
I_R: Wirkstrom — A
I_C: kapazitiver Blindstrom — A
Z: Scheinwiderstand — Ω
R: Wirkwiderstand — Ω
X_C: kapazitiver Blindwiderstand — Ω
U: Gesamtspannung — V
U_R: Wirkspannung — V
U_C: kapazitive Blindspannung — V

Benennung/Abbildung	Formel/Formelumstellung	Formelzeichen	Einheiten

Reihenschaltung von Wirkwiderstand, induktivem und kapazitivem Blindwiderstand

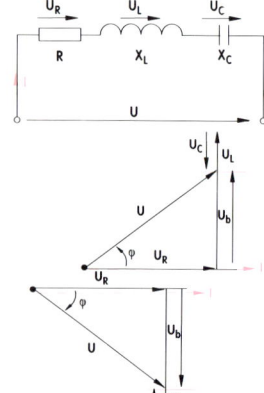

$Z^2 = R^2 + X^2$ $Z = \sqrt{R^2 + X^2}$

$R^2 = Z^2 - X^2$ $R = \sqrt{Z^2 - X^2}$

$X^2 = Z^2 - R^2$ $X = \sqrt{Z^2 - R^2}$

$X = X_L - X_C$

$X_L = X + X_C$ $X_C = X_L - X$

$X = X_C - X_L$

— Größter Wert nach vorne

$X_C = X + X_L$ $X_L = X_C - X$

$U^2 = U_R^2 + U_b^2$ $U = \sqrt{U_R^2 + U_b^2}$

$U_R^2 = U^2 - U_b^2$ $U_R = \sqrt{U^2 - U_b^2}$

$U_b^2 = U^2 - U_R^2$ $U_b = \sqrt{U - U_R^2}$

Formelzeichen:

Z: Scheinwiderstand Ω
R: Wirkwiderstand Ω
X: Blindwiderstand Ω
X_L: induktiver Blindwiderstand Ω
X_C: kapazitiver Blindwiderstand Ω
U: Gesamtspannung   V
U_R: Wirkspannung   V
U_b: Blindspannung   V
U_C: kapazitive Blindspannung
U_L: induktive Blindspannung

Fortsetzung

Benennung/Abbildung	Formel/Formelumstellung	Formelzeichen	Einheiten

Fortsetzung
Reihenschaltung von Wirkwiderstand, induktivem und kapazitivem Blindwiderstand

$$U_b = U_L - U_C$$

$$U_L = U_b + U_C \qquad U_C = U_L - U_b$$

$$U_b = U_C - U_L$$

— Größter Wert nach vorne

$$U_C = U_b + U_L \qquad U_L = U_C - U_b$$

$$I = I_b = I_R = I_L = I_C$$

$$I = \frac{U}{Z} \qquad U = I \cdot Z \qquad Z = \frac{U}{I}$$

$$I_R = \frac{U_R}{R} \qquad U_R = I_R \cdot R \qquad R = \frac{U_R}{I_R}$$

$$I_b = \frac{U_b}{X} \qquad U_b = I_b \cdot X \qquad X = \frac{U_b}{I_b}$$

Formelzeichen		Einheiten
U_L:	induktive Blindspannung	V
U_C:	kapazitive Blindspannung	V
I:	Gesamtstrom	A
I_R:	Wirkstrom	A
I_b:	Blindstrom	A
I_L:	induktiver Blindstrom	A
I_C:	kapazitiver Blindstrom	A
Z:	Scheinwiderstand	Ω
U:	Gesamtspannung	V
I:	Gesamtstrom	A
U_R:	Wirkspannung	V
R:	Wirkwiderstand	Ω
U_b:	Blindspannung	V
X:	Blindwiderstand	Ω

Benennung/Abbildung	Formel/Formelumstellung	Formelzeichen	Einheiten
Parallelschaltung von zwei induktiven Blindwiderständen 	$X_{L} = \dfrac{X_{L_1} \cdot X_{L_2}}{X_{L_1} + X_{L_2}}$ $X_{L_1} = \dfrac{X_{L} \cdot X_{L_2}}{X_{L_2} - X_{L}}$ $X_{L_2} = \dfrac{X_{L} \cdot X_{L_1}}{X_{L_1} - X_{L}}$ $B_{L} = B_{L_1} + B_{L_2}$ $B_{L_1} = B_{L} - B_{L_2}$ $B_{L_2} = B_{L} - B_{L_1}$ $B_{L} = \dfrac{1}{X_{L}}$ $B_{L_1} = \dfrac{1}{X_{L_1}}$ $B_{L_2} = \dfrac{1}{X_{L_2}}$ $X_{L} = \dfrac{1}{B_{L}}$ $X_{L_1} = \dfrac{1}{B_{L_1}}$ $X_{L_2} = \dfrac{1}{B_{L_2}}$	X_{L}: induktiver Blindwiderstand X_{L_1}: induktiver Blindwiderstand 1 X_{L_2}: induktiver Blindwiderstand 2 B_{L}: induktiver Blindleitwert B_{L_1}: induktiver Blindleitwert 1 B_{L_2}: induktiver Blindleitwert 2	Ω Ω Ω S S S

Fortsetzung

Benennung/Abbildung	Formel/Formelumstellung	Formelzeichen	Einheiten
Fortsetzung **Parallelschaltung von zwei induktiven Blindwiderständen**	$U = U_L = U_{L1} = U_{L2}$ $I = I_L = I_{L1} + I_{L2}$ $I_{L1} = I_L - I_{L2}$ $I_{L2} = I_L - I_{L1}$	U_L: induktive Blindspannung U_{L1}: induktive Blindspannung 1 U_{L2}: induktive Blindspannung 2 U: Gesamtspannung I_L: induktiver Blindstrom I_{L1}: induktiver Blindstrom 1 I_{L2}: induktiver Blindstrom 2 I: Gesamtstrom	V V V V A A A A

Fortsetzung

Wechselstrom

Benennung/Abbildung	Formel/Formelumstellung	Formelzeichen	Einheiten
Parallelschaltung von zwei induktiven Blindwiderständen	$I_L = \dfrac{U_L}{X_L}$ $U_L = I_L \cdot X_L \qquad X_L = \dfrac{U_L}{I_L}$ $I_{L_1} = \dfrac{U_{L_1}}{X_{L_1}}$ $U_{L_1} = I_{L_1} \cdot X_{L_1} \qquad X_{L_1} = \dfrac{X_{L_1}}{I_{L_1}}$ $I_{L_2} = \dfrac{U_{L_2}}{X_{L_2}}$ $U_{L_2} = I_{L_2} \cdot X_{L_2} \qquad X_{L_2} = \dfrac{U_{L_2}}{I_{L_2}}$	I_L: induktiver Blindstrom I_{L_1}: induktiver Blindstrom 1 I_{L_2}: induktiver Blindstrom 2 X_L: induktiver Blindwiderstand X_{L_1}: induktiver Blindwiderstand 1 X_{L_2}: induktiver Blindwiderstand 2 U_L: induktive Blindspannung U_{L_1}: induktive Blindspannung 1 U_{L_2}: induktive Blindspannung 2	A A A Ω Ω Ω V V V

Benennung/Abbildung	Formel/Formelumstellung	Formelzeichen	Einheiten
Parallelschaltung von mehr als zwei induktiven Blindwiderständen 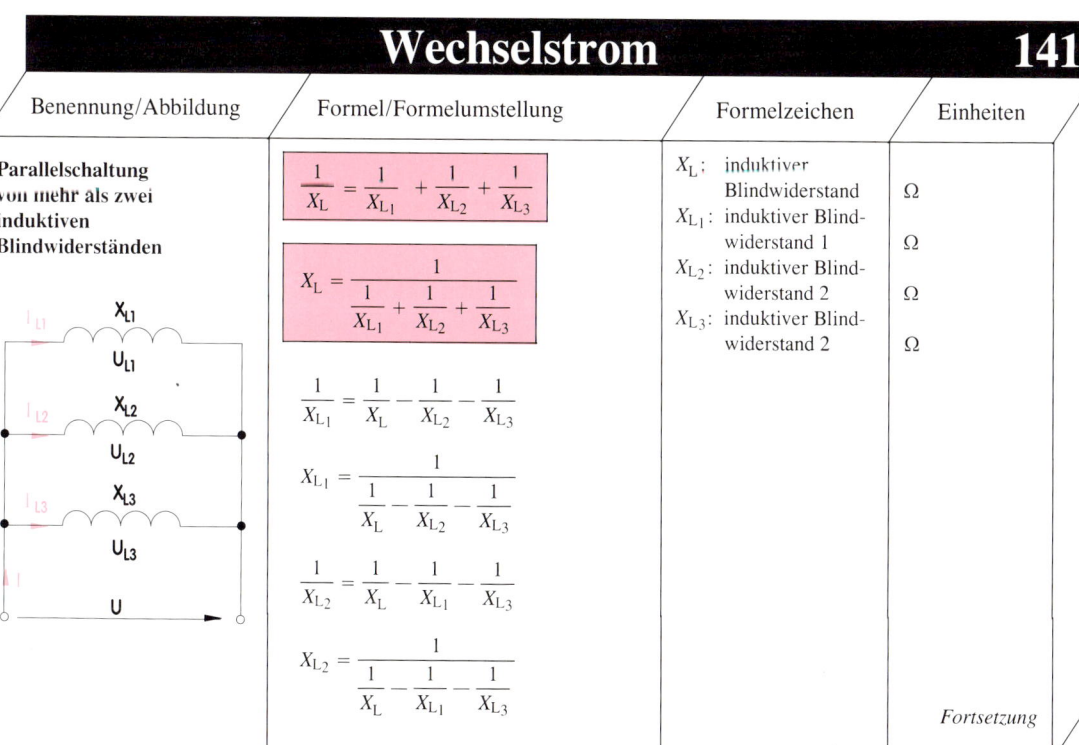	$$\frac{1}{X_L} = \frac{1}{X_{L_1}} + \frac{1}{X_{L_2}} + \frac{1}{X_{L_3}}$$ $$X_L = \frac{1}{\dfrac{1}{X_{L_1}} + \dfrac{1}{X_{L_2}} + \dfrac{1}{X_{L_3}}}$$ $$\frac{1}{X_{L_1}} = \frac{1}{X_L} - \frac{1}{X_{L_2}} - \frac{1}{X_{L_3}}$$ $$X_{L_1} = \frac{1}{\dfrac{1}{X_L} - \dfrac{1}{X_{L_2}} - \dfrac{1}{X_{L_3}}}$$ $$\frac{1}{X_{L_2}} = \frac{1}{X_L} - \frac{1}{X_{L_1}} - \frac{1}{X_{L_3}}$$ $$X_{L_2} = \frac{1}{\dfrac{1}{X_L} - \dfrac{1}{X_{L_1}} - \dfrac{1}{X_{L_3}}}$$	X_L: induktiver Blindwiderstand X_{L_1}: induktiver Blindwiderstand 1 X_{L_2}: induktiver Blindwiderstand 2 X_{L_3}: induktiver Blindwiderstand 2	Ω Ω Ω Ω

Fortsetzung

Benennung/Abbildung	Formel/Formelumstellung	Formelzeichen	Einheiten
Fortsetzung **Parallelschaltung von mehr als zwei induktiven Blindwiderständen** 	$$\frac{1}{X_{L3}} = \frac{1}{X_L} - \frac{1}{X_{L1}} - \frac{1}{X_{L2}}$$ $$X_{L3} = \frac{1}{\dfrac{1}{X_L} - \dfrac{1}{X_{L1}} - \dfrac{1}{X_{L2}}}$$	X_L : induktiver Blindwiderstand X_{L1} : induktiver Blindwiderstand 1 X_{L2} : induktiver Blindwiderstand 2 X_{L3} : induktiver Blindwiderstand 2	Ω Ω Ω Ω
		.	*Fortsetzung*

Benennung/Abbildung	Formel/Formelumstellung	Formelzeichen	Einheiten
Fortsetzung **Parallelschaltung von mehr als zwei induktiven Blindwiderständen über den Leitwert**	$B_L = B_{L_1} + B_{L_2} + B_{L_3}$ $B_{L_1} = B_L - B_{L_2} - B_{L_3}$ $B_{L_2} = B_L - B_{L_1} - B_{L_3}$ $B_{L_3} = B_L - B_{L_1} - B_{L_2}$ $B_L = \dfrac{1}{X_L}$ $\quad X_L = \dfrac{1}{B_L}$ $B_{L_1} = \dfrac{1}{X_{L_1}}$ $\quad X_{L_1} = \dfrac{1}{B_{L_1}}$ $B_{L_2} = \dfrac{1}{X_{L_2}}$ $\quad X_{L_2} = \dfrac{1}{B_{L_2}}$ $B_{L_3} = \dfrac{1}{X_{L_3}}$ $\quad X_{L_3} = \dfrac{1}{B_{L_3}}$ $U = U_L = U_{L_1} = U_{L_2} = U_{L_3}$	B_l : induktiver Blindleitwert B_{L_1} : induktiver Blindleitwert 1 B_{L_2} : induktiver Blindleitwert 2 B_{L_3} : induktiver Blindleitwert 3 U_L : induktive Blindspannung U_{L_1} : induktive Blindspannung 1 U_{L_2} : induktive Blindspannung 2 U_{L_3} : induktive Blindspannung 3 X_L : induktiver Blindwiderstand X_{L_1} : induktiver Blindwiderstand 1 X_{L_2} : induktiver Blindwiderstand 2 X_{L_3} : induktiver Blindwiderstand 2	S S S S V V V V Ω Ω Ω Ω

Fortsetzung

Wechselstrom

Benennung/Abbildung	Formel/Formelumstellung	Formelzeichen	Einheiten
Fortsetzung **Parallelschaltung von mehr als zwei induktiven Blindwiderständen** 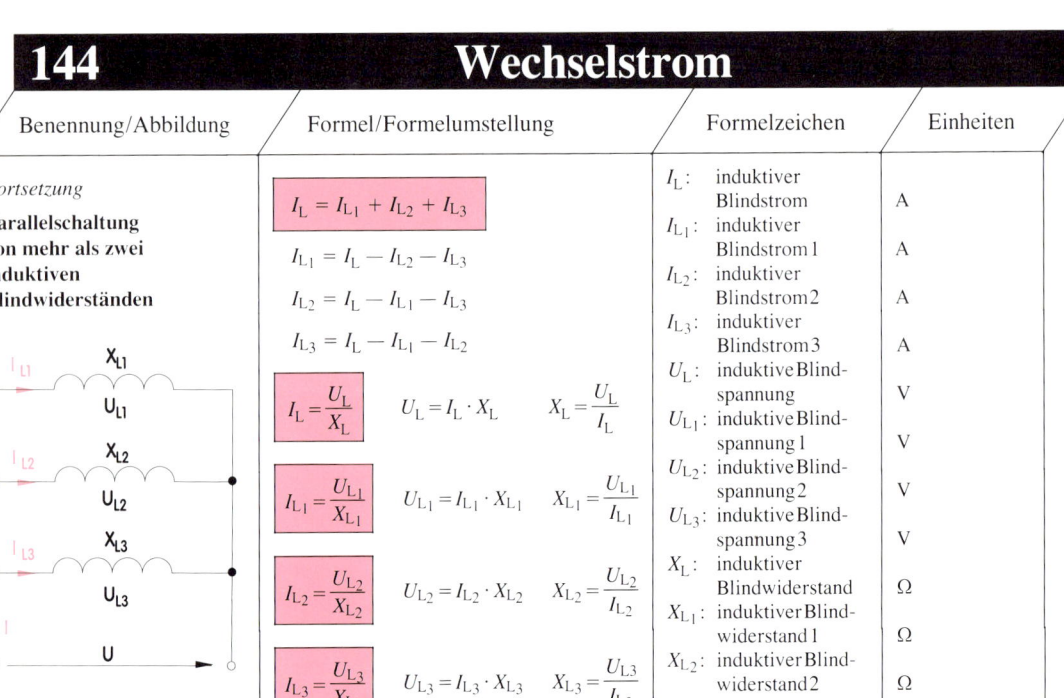	$I_L = I_{L_1} + I_{L_2} + I_{L_3}$ $I_{L_1} = I_L - I_{L_2} - I_{L_3}$ $I_{L_2} = I_L - I_{L_1} - I_{L_3}$ $I_{L_3} = I_L - I_{L_1} - I_{L_2}$ $I_L = \dfrac{U_L}{X_L}$ $U_L = I_L \cdot X_L$ $X_L = \dfrac{U_L}{I_L}$ $I_{L_1} = \dfrac{U_{L_1}}{X_{L_1}}$ $U_{L_1} = I_{L_1} \cdot X_{L_1}$ $X_{L_1} = \dfrac{U_{L_1}}{I_{L_1}}$ $I_{L_2} = \dfrac{U_{L_2}}{X_{L_2}}$ $U_{L_2} = I_{L_2} \cdot X_{L_2}$ $X_{L_2} = \dfrac{U_{L_2}}{I_{L_2}}$ $I_{L_3} = \dfrac{U_{L_3}}{X_{L_3}}$ $U_{L_3} = I_{L_3} \cdot X_{L_3}$ $X_{L_3} = \dfrac{U_{L_3}}{I_{L_3}}$	I_L: induktiver Blindstrom I_{L_1}: induktiver Blindstrom 1 I_{L_2}: induktiver Blindstrom 2 I_{L_3}: induktiver Blindstrom 3 U_L: induktive Blindspannung U_{L_1}: induktive Blindspannung 1 U_{L_2}: induktive Blindspannung 2 U_{L_3}: induktive Blindspannung 3 X_L: induktiver Blindwiderstand X_{L_1}: induktiver Blindwiderstand 1 X_{L_2}: induktiver Blindwiderstand 2 X_{L_3}: induktiver Blindwiderstand 2	A A A A V V V V Ω Ω Ω Ω

Benennung/Abbildung	Formel/Formelumstellung	Formelzeichen	Einheiten
Parallelschaltung von zwei kapazitiven Blindwiderständen 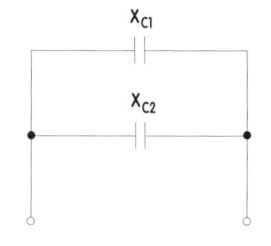	$$X_C - \frac{X_{C_1} \cdot X_{C_2}}{X_{C_1} + X_{C_2}}$$ $$X_{C_1} = \frac{X_C \cdot X_{C_2}}{X_{C_2} - X_C} \qquad X_{C_2} = \frac{X_C \cdot X_{C_1}}{X_{C_1} - X_c}$$ $$B_C = B_{C_1} + B_{C_2}$$ $$B_{C_1} = B_C - B_{C_2} \qquad \dot{B_{C_2}} = B_C - B_{C_1}$$	X_C: kapazitiver Blindwiderstand X_{C_1}: kapazitiver Blindwiderstand 1 X_{C_2}: kapazitiver Blindwiderstand B_C: kapazitiver Blindleitwert B_{C_1}: kapazitiver Blindleitwert B_{C_2}: kapazitiver Blindleitwert	Ω Ω Ω S S S

Benennung/Abbildung	Formel/Formelumstellung	Formelzeichen	Einheiten
Parallelschaltung von mehr als zwei kapazitiven Blindwiderständen 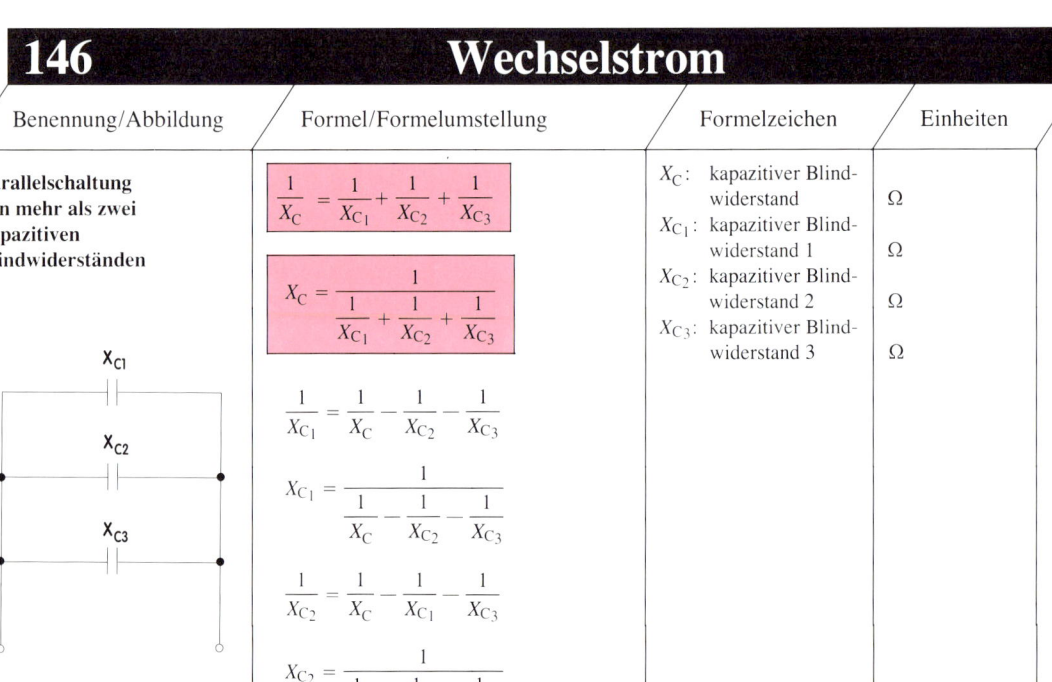	$$\frac{1}{X_C} = \frac{1}{X_{C_1}} + \frac{1}{X_{C_2}} + \frac{1}{X_{C_3}}$$ $$X_C = \frac{1}{\dfrac{1}{X_{C_1}} + \dfrac{1}{X_{C_2}} + \dfrac{1}{X_{C_3}}}$$ $$\frac{1}{X_{C_1}} = \frac{1}{X_C} - \frac{1}{X_{C_2}} - \frac{1}{X_{C_3}}$$ $$X_{C_1} = \frac{1}{\dfrac{1}{X_C} - \dfrac{1}{X_{C_2}} - \dfrac{1}{X_{C_3}}}$$ $$\frac{1}{X_{C_2}} = \frac{1}{X_C} - \frac{1}{X_{C_1}} - \frac{1}{X_{C_3}}$$ $$X_{C_2} = \frac{1}{\dfrac{1}{X_C} - \dfrac{1}{X_{C_1}} - \dfrac{1}{X_{C_3}}}$$	X_C: kapazitiver Blindwiderstand X_{C_1}: kapazitiver Blindwiderstand 1 X_{C_2}: kapazitiver Blindwiderstand 2 X_{C_3}: kapazitiver Blindwiderstand 3	Ω Ω Ω Ω

Fortsetzung

Benennung/Abbildung	Formel/Formelumstellung	Formelzeichen	Einheiten
Fortsetzung **Parallelschaltung von mehr als zwei kapazitiven Blindwiderständen**	$\dfrac{1}{X_{C3}} = \dfrac{1}{X_C} - \dfrac{1}{X_{C1}} - \dfrac{1}{X_{C2}}$ $X_{C3} = \dfrac{1}{\dfrac{1}{X_C} - \dfrac{1}{X_{C1}} - \dfrac{1}{X_{C2}}}$	B_C: kapazitiver Blindleitwert B_{C1-3}: kapazitiver Blindleitwert 1—3 X_C: kapazitiver Blindwiderstand X_{C1-3}: kapazitive Blindwiderstände 1—3 U_C: kapazitive Blindspannung U_{C1-3}: kapazitive Blindspannung 1—3 I_C: kapazitiver Blindstrom I_{C1-3}: kapazitive Blindströme 1—3	S S Ω Ω V V A A *Fortsetzung*
Parallelschaltung von mehr als zwei kapazitiven Blindwiderständen (über Leitwerte berechnet) 	$\boxed{B_C = B_{C1} + B_{C2} + B_{C3}}$ $B_{C1} = B_C - B_{C1} - B_{C2}$ $B_{C2} = B_C - B_{C1} - B_{C3}$ $B_{C3} = B_C - B_{C1} - B_{C2}$ $\boxed{B_C = \dfrac{1}{X_C}} \qquad X_C = \dfrac{1}{B_C}$ $\boxed{B_{C1} = \dfrac{1}{X_{C1}}} \qquad X_{C1} = \dfrac{1}{B_{C1}}$		

Benennung/Abbildung	Formel/Formelumstellung	Formelzeichen	Einheiten
Fortsetzung **Parallelschaltung von mehr als zwei kapazitiven Blindwiderständen** (über Leitwerte berechnet)	$B_{C_2} = \dfrac{1}{X_{C_2}}$ $X_{C_2} = \dfrac{1}{B_{C_2}}$ $B_{C_3} = \dfrac{1}{X_{C_3}}$ $X_{C_3} = \dfrac{1}{B_{C_3}}$ $U_C = U_{C_1} = U_{C_2} = U_{C_3}$ $I_C = I_{C_1} + I_{C_2} + I_{C_3}$ $I_{C_1} = I_C - I_{C_2} - I_{C_3}$ $I_{C_2} = I_C - I_{C_1} - I_{C_3}$ $I_{C_3} = I_C - I_{C_1} - I_{C_2}$	B_C: kapazitiver Blindleitwert $B_{C_{1-3}}$: kapazitiver Blindleitwert 1—3 X_C: kapazitiver Blindwiderstand $X_{C_{1-3}}$: kapazitive Blindwiderstände 1—3 U_C: kapazitive Blindspannung $U_{C_{1-3}}$: kapazitive Blindspannung 1—3 I_C: kapazitiver Blindstrom $I_{C_{1-3}}$: kapazitive Blindströme 1—3	S S Ω Ω V V A A

Benennung/Abbildung	Formel/Formelumstellung	Formelzeichen	Einheiten
Parallelschaltung von induktivem und kapazitivem Blindwiderstand X_L X_C	$X - \dfrac{X_L \cdot X_C}{X_L - X_C}$ — Größter Wert nach vorne $X_L = \dfrac{X \cdot X_C}{X - X_C}$ $X_C = \dfrac{X \cdot X_L}{X_L + X}$ $B = B_C - B_L$ — Größter Wert nach vorne $B_C = B + B_L$ $B_L = B_C - B$ $X = \dfrac{X_C \cdot X_L}{X_C - X_L}$ — Größter Wert nach vorne $X_C = \dfrac{X \cdot X_L}{X - X_L}$ $X_L = \dfrac{X \cdot X_C}{X_C + X}$ $B = B_L - B_C$ — Größter Wert nach vorne $B_L = B + B_C$ $B_C = B_L - B$	X: Blindwiderstand X_L: induktiver Blindwiderstand X_C: kapazitiver Blindwiderstand B: Blindleitwert B_L: induktiver Blindleitwert B_C: kapazitiver Blindleitwert	Ω Ω Ω S S S

Benennung/Abbildung	Formel/Formelumstellung	Formelzeichen	Einheiten
Parallelschaltung von Wirkwiderstand und induktivem Blindwiderstand 	$$\left(\frac{1}{Z}\right)^2 = \left(\frac{1}{R}\right)^2 + \left(\frac{1}{X_L}\right)^2$$ $$Z = \frac{1}{\sqrt{\left(\frac{1}{R}\right)^2 + \left(\frac{1}{X_L}\right)^2}}$$ $$\left(\frac{1}{R}\right)^2 = \left(\frac{1}{Z}\right)^2 - \left(\frac{1}{X_L}\right)^2$$ $$R = \frac{1}{\sqrt{\left(\frac{1}{Z}\right)^2 - \left(\frac{1}{X_L}\right)^2}}$$ $$\left(\frac{1}{X_L}\right)^2 = \left(\frac{1}{Z}\right)^2 - \left(\frac{1}{R}\right)^2$$ $$X_L = \frac{1}{\sqrt{\left(\frac{1}{Z}\right)^2 - \left(\frac{1}{R}\right)^2}}$$	Z: Scheinwiderstand R: Wirkwiderstand X_L: induktiver Blindwiderstand	Ω Ω Ω

Fortsetzung

Benennung/Abbildung	Formel/Formelumstellung	Formelzeichen	Einheiten
Fortsetzung **Parallelschaltung von Wirkwiderstand und induktivem Blindwiderstand** 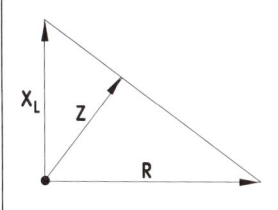	$$Z = \frac{R \cdot X_L}{\sqrt{R^2 + X_L^2}}$$ $$R = \frac{Z \cdot X_L}{\sqrt{X_L^2 - Z^2}}$$ $$X_L = \frac{Z \cdot R}{\sqrt{R^2 - Z^2}}$$ $$U = U_R = U_L$$	Z: Scheinwiderstand R: Wirkwiderstand X_L: induktiver Blindwiderstand U: Gesamtspannung U_R: Wirkspannung U_L: induktive Blindspannung	Ω Ω Ω V V V

Fortsetzung

Benennung/Abbildung	Formel/Formelumstellung		Formelzeichen	Einheiten
Fortsetzung **Parallelschaltung von von Wirkwiderstand und induktivem Blindwiderstand** Wechselstrom 	$I^2 = I_R^2 + I_L^2$	$I = \sqrt{I_R^2 + I_L^2}$	I: Gesamtstrom I_R: Wirkstrom I_L: induktiver Blindstrom Z: Scheinwiderstand R: Wirkwiderstand	A A A Ω Ω
	$I_R^2 = I^2 - I_L^2$	$I_R = \sqrt{I^2 - I_L^2}$		
	$I_L^2 = I^2 - I_R^2$	$I_L = \sqrt{I^2 - I_R^2}$		
	$\cos \varphi = \dfrac{I_R}{I}$			
	$I_R = I \cdot \cos \varphi$	$I = \dfrac{I_R}{\cos \varphi}$	$\cos \varphi$: Wirkleistungs-faktor oder Wirkfaktor	
	$\sin \varphi = \dfrac{I_L}{I}$			
	$I_L = I \cdot \sin \varphi$	$I = \dfrac{I_L}{\sin \varphi}$	$\sin \varphi$: Blindfaktor	

Fortsetzung

Benennung/Abbildung	Formel/Formelumstellung	Formelzeichen	Einheiten
Fortsetzung **Parallelschaltung von Wirkwiderstand und induktivem Blindwiderstand** über den Leitwert	$Y^2 = G^2 + B_L^2$ $Y = \sqrt{G^2 + B_L^2}$ $G^2 = Y^2 - B_L^2$ $G = \sqrt{Y^2 - B_L^2}$ $B_L^2 = Y^2 - G^2$ $B_L = \sqrt{Y^2 - G^2}$ $Z = \dfrac{1}{Y}$ $\qquad Y = \dfrac{1}{Z}$	Y: Scheinleitwert G: Wirkleitwert B_L: induktiver Blindleitwert Z: Scheinwiderstand	S S S Ω

Benennung/Abbildung	Formel/Formelumstellung	Formelzeichen	Einheiten
Parallelschaltung von Wirkwiderstand und kapazitivem Blindwiderstand 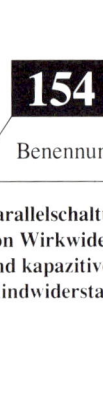	$$\left(\frac{1}{Z}\right)^2 = \left(\frac{1}{R}\right)^2 + \left(\frac{1}{X_C}\right)^2$$ $$Z = \frac{1}{\sqrt{\left(\frac{1}{R}\right)^2 + \left(\frac{1}{X_C}\right)^2}}$$ $$\left(\frac{1}{R}\right)^2 = \left(\frac{1}{Z}\right)^2 - \left(\frac{1}{X_C}\right)^2$$ $$R = \frac{1}{\sqrt{\left(\frac{1}{Z}\right)^2 - \left(\frac{1}{X_C}\right)^2}}$$ $$\left(\frac{1}{X_C}\right)^2 = \left(\frac{1}{Z}\right)^2 - \left(\frac{1}{R}\right)^2$$ $$X_C = \frac{1}{\sqrt{\left(\frac{1}{Z}\right)^2 - \left(\frac{1}{R}\right)^2}}$$	Z: Scheinwiderstand R: Wirkwiderstand X_C: kapazitiver Blindwiderstand U: Gesamtspannung U_R: Wirkspannung U_C: kapazitive Blindspannung	Ω Ω Ω V V V

Fortsetzung

Benennung/Abbildung	Formel/Formelumstellung	Formelzeichen	Einheiten
Fortsetzung **Parallelschaltung von Wirkwiderstand und kapazitivem Blindwiderstand** 	$Z = \dfrac{R \cdot X_C}{\sqrt{R^2 + X_C^2}}$ $R = \dfrac{Z \cdot X_C}{\sqrt{X_C^2 - Z^2}}$ $X_C = \dfrac{Z \cdot R}{\sqrt{R^2 - Z^2}}$ $U = U_R = U_C$	Z: Scheinwiderstand R: Wirkwiderstand X_C: kapazitiver Blindwiderstand U: Gesamtspannung U_R: Wirkspannung U_C: kapazitive Blindspannung	Ω Ω Ω V V V

Fortsetzung

Wechselstrom

Benennung/Abbildung	Formel/Formelumstellung	Formelzeichen	Einheiten

Fortsetzung

Parallelschaltung von Wirkwiderstand und kapazitivem Blindwiderstand

Wechselstrom

$$I^2 = I_R^2 + I_C^2 \qquad I = \sqrt{I_R^2 + I_C^2}$$

$$I_R^2 = I^2 - I_C^2 \qquad I_R = \sqrt{I^2 - I_C^2}$$

$$I_C^2 = I^2 - I_R^2 \qquad I_C = \sqrt{I^2 - I_R^2}$$

$$\cos\varphi = \frac{I_R}{I}$$

$$I_R = I \cdot \cos\varphi \qquad I = \frac{I_R}{\cos\varphi}$$

$$\sin\varphi = \frac{I_C}{I}$$

$$I_C = I \cdot \sin\varphi \qquad I = \frac{I_C}{\sin\varphi}$$

Formelzeichen:

I: Gesamtstrom
I_R: Wirkstrom
I_C: kapazitiver Blindstrom

$\cos\varphi$: Wirkleistungsfaktor oder Wirkfaktor

$\sin\varphi$: Blindfaktor

Einheiten:

A
A

A

Fortsetzung

Benennung/Abbildung	Formel/Formelumstellung	Formelzeichen	Einheiten
Fortsetzung **Parallelschaltung von Wirkwiderstand und kapazitivem Blindwiderstand** Über den Leitwert	$Y^2 = G^2 + B_C^2$ $\qquad Y = \sqrt{G^2 + B_C^2}$ $G^2 = Y^2 - B_C^2$ $\qquad G = \sqrt{Y^2 - B_C^2}$ $B_C^2 = Y^2 - G^2$ $\qquad B_C = \sqrt{Y^2 - G^2}$ $Z = \dfrac{1}{Y}$ $\qquad Y = \dfrac{1}{Z}$	Y: Scheinleitwert G: Wirkleitwert B_C: kapazitiver Blindleitwert Z: Schein-widerstand	S S S Ω

Benennung/Abbildung	Formel/Formelumstellung	Formelzeichen	Einheiten

Parallelschaltung von Wirkwiderstand, induktivem und kapazitivem Blindwiderstand

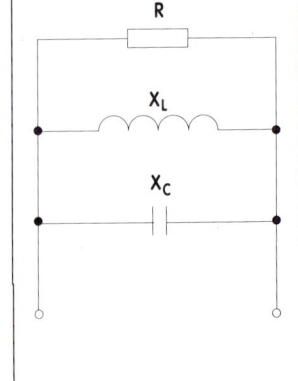

$$Z = \frac{R \cdot X}{\sqrt{R^2 + X^2}}$$

$$R = \frac{Z \cdot X}{\sqrt{X^2 - Z^2}} \qquad X = \frac{Z \cdot R}{\sqrt{R^2 - Z^2}}$$

$$X = \frac{1}{\dfrac{1}{X_L} - \dfrac{1}{X_C}}$$

└ Kleinster Blindwiderstand nach vorne

$$X_L = \frac{1}{\dfrac{1}{X} + \dfrac{1}{X_C}} \qquad X_C = \frac{1}{\dfrac{1}{X_L} - \dfrac{1}{X}}$$

$$X = \frac{1}{\dfrac{1}{X_C} - \dfrac{1}{X_L}}$$

└ Kleinster Blindwiderstand nach vorne

$$X_L = \frac{1}{\dfrac{1}{X} + \dfrac{1}{X_L}} \qquad X_L = \frac{1}{\dfrac{1}{X_C} - \dfrac{1}{X}}$$

Z: Scheinwiderstand Ω
R: Wirkwiderstand Ω
X: Blindwiderstand Ω
X_L: induktiver Blindwiderstand Ω
X_C: kapazitiver Blindwiderstand Ω

Fortsetzung

Benennung/Abbildung	Formel/Formelumstellung	Formelzeichen	Einheiten
Fortsetzung **Parallelschaltung von Wirkwiderstand, induktivem und kapazitivem Blindwiderstand** Wechselspannung 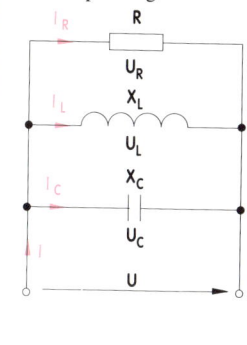	$$U = U_R = U_L = U_C$$ $$I^2 = I_R^2 + I_b^2 \qquad I = \sqrt{I_R^2 + I_b^2}$$ $$I_R^2 = I^2 - I_b^2 \qquad I_R = \sqrt{I^2 - I_b^2}$$ $$I_b^2 = I^2 - I_R^2 \qquad I_b = \sqrt{I^2 - I_R^2}$$ $$I_b = I_L - I_C$$ └ Größter Blindstromwert nach vorne $$I_L = I_b + I_C \qquad I_C = I_L - I_b$$ $$I_b = I_C - I_L$$ └ Größter Blindstromwert nach vorne $$I_C = I_b + I_L \qquad I_L = I_C - I_b$$	U: Gesamtspannung U_R: Wirkspannung U_L: induktive Blindspannung U_C: kapazitive Blindspannung I: Gesamtstrom I_R: Wirkstrom I_b: Blindstrom I_L: induktiver Blindstrom I_C: kapazitiver Blindstrom	V V V V A A A A A *Fortsetzung*

Benennung/Abbildung	Formel/Formelumstellung		Formelzeichen	Einheiten
Fortsetzung **Parallelschaltung von Wirkwiderstand, induktivem und kapazitivem Blindwiderstand** Über den Leitwert 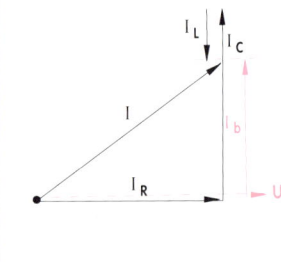	$Y^2 = G^2 + B^2$ $Y = \sqrt{G^2 + B^2}$ $G^2 = Y^2 - B^2$ $G = \sqrt{Y^2 - B^2}$ $B^2 = Y^2 - G^2$ $B = \sqrt{Y^2 - G^2}$ $B = B_L - B_C$ └── Größter Blindleitwert nach vorne $B_L = B + B_C$ $B_C = B_L - B$ $B = B_C - B_L$ └── Größter Blindleitwert nach vorne $B_C = B + B_L$ $B_L = B_C - B$ $Z = \dfrac{1}{Y}$ $Y = \dfrac{1}{Z}$		Y: Scheinleitwert G: Wirkleitwert B: Blindleitwert B_L: induktiver Blindleitwert B_C: kapazitiver Blindleitwert Z: Scheinwiderstand	S S S S S Ω

Benennung/Abbildung	Formel/Formelumstellung	Formelzeichen	Einheiten
Wirkleistungsfaktor **Blindleistungsfaktor**	**Wirkleistungsfaktor** $$\cos\varphi = \frac{P}{S} \qquad P = S \cdot \cos\varphi \qquad S = \frac{P}{\cos\varphi}$$ $$\cos\varphi = \frac{U_R}{U} \qquad U_R = U \cdot \cos\varphi \qquad U = \frac{U_R}{\cos\varphi}$$ $$\cos\varphi = \frac{R}{Z} \qquad R = Z \cdot \cos\varphi \qquad Z = \frac{R}{\cos\varphi}$$	$\cos\varphi$: Wirkleistungs-faktor P: Wirkleistung S: Scheinleistung U_R: Wirkspannung U: Scheinspannung R: Wirkwiderstand Z: Scheinwiderstand	W VA V V Ω Ω
	Blindleistungsfaktor $$\sin\varphi = \frac{Q}{S} \qquad Q = S \cdot \sin\varphi \qquad S = \frac{Q}{\sin\varphi}$$ $$\sin\varphi = \frac{U_b}{U} \qquad U_b = U \cdot \sin\varphi \qquad U = \frac{U_b}{\sin\varphi}$$ $$\sin\varphi = \frac{X}{Z} \qquad X = Z \cdot \sin\varphi \qquad Z = \frac{X}{\sin\varphi}$$	$\sin\varphi$: Blind-leistungsfaktor Q: Blindleistung S: Scheinleistung U_b: Blindspannung U: Scheinspannung X: Blindwiderstand Z: Scheinwiderstand	var VA V V Ω Ω

Benennung/Abbildung	Formel/Formelumstellung	Formelzeichen	Einheiten
Scheinleistung 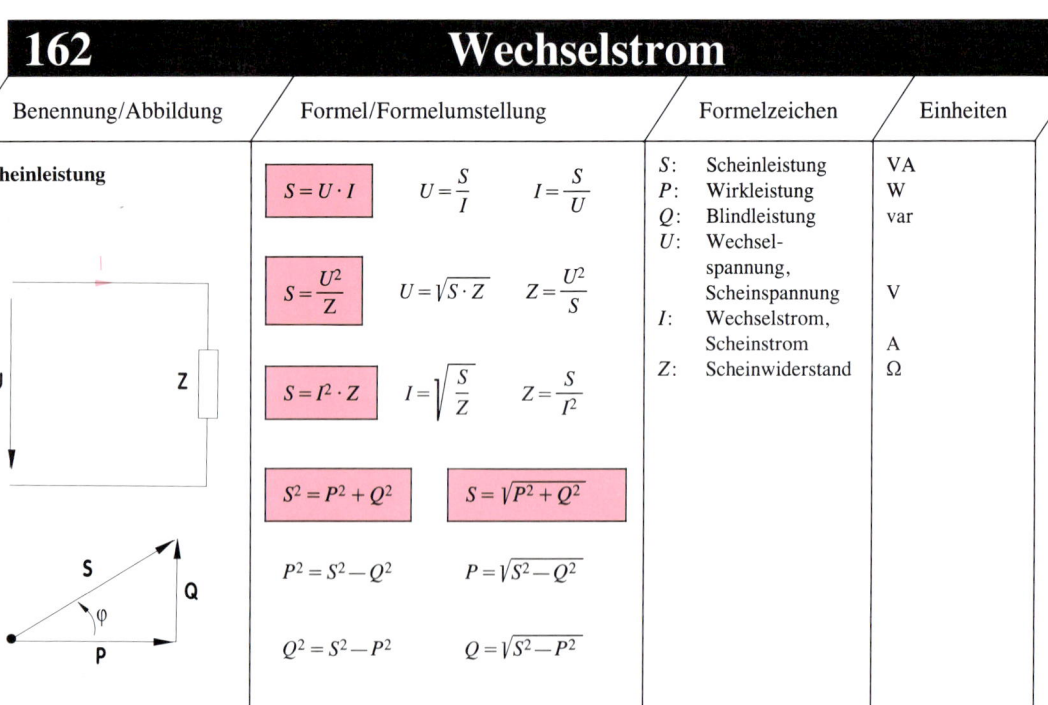	$S = U \cdot I$ $U = \dfrac{S}{I}$ $I = \dfrac{S}{U}$ $S = \dfrac{U^2}{Z}$ $U = \sqrt{S \cdot Z}$ $Z = \dfrac{U^2}{S}$ $S = I^2 \cdot Z$ $I = \sqrt{\dfrac{S}{Z}}$ $Z = \dfrac{S}{I^2}$ $S^2 = P^2 + Q^2$ $S = \sqrt{P^2 + Q^2}$ $P^2 = S^2 - Q^2$ $P = \sqrt{S^2 - Q^2}$ $Q^2 = S^2 - P^2$ $Q = \sqrt{S^2 - P^2}$	S: Scheinleistung P: Wirkleistung Q: Blindleistung U: Wechsel-spannung, Scheinspannung I: Wechselstrom, Scheinstrom Z: Scheinwiderstand	VA W var V A Ω

Benennung/Abbildung	Formel/Formelumstellung	Formelzeichen	Einheiten
Wirkleistung	$P = S \cdot \cos\varphi$ $S = \dfrac{P}{\cos\varphi}$ $\cos\varphi = \dfrac{P}{S}$ $P = U \cdot I \cdot \cos\varphi$ $U = \dfrac{P}{I \cdot \cos\varphi}$ $I = \dfrac{P}{U \cdot \cos\varphi}$ $\cos\varphi = \dfrac{P}{U \cdot I}$ $P = \dfrac{U_R^2}{R}$ $U_R = \sqrt{P \cdot R}$ $R = \dfrac{U_R^2}{P}$	P: Wirkleistung S: Scheinleistung Q: Blindleistung U: Wechsel-spannung, Scheinspannung U_R: Wirkspannung I: Wechselstrom, Scheinstrom R: Wirkwiderstand $\cos\varphi$: Wirkleistungs-faktor	W V V A Ω

Fortsetzung

Benennung/Abbildung	Formel/Formelumstellung	Formelzeichen	Einheiten

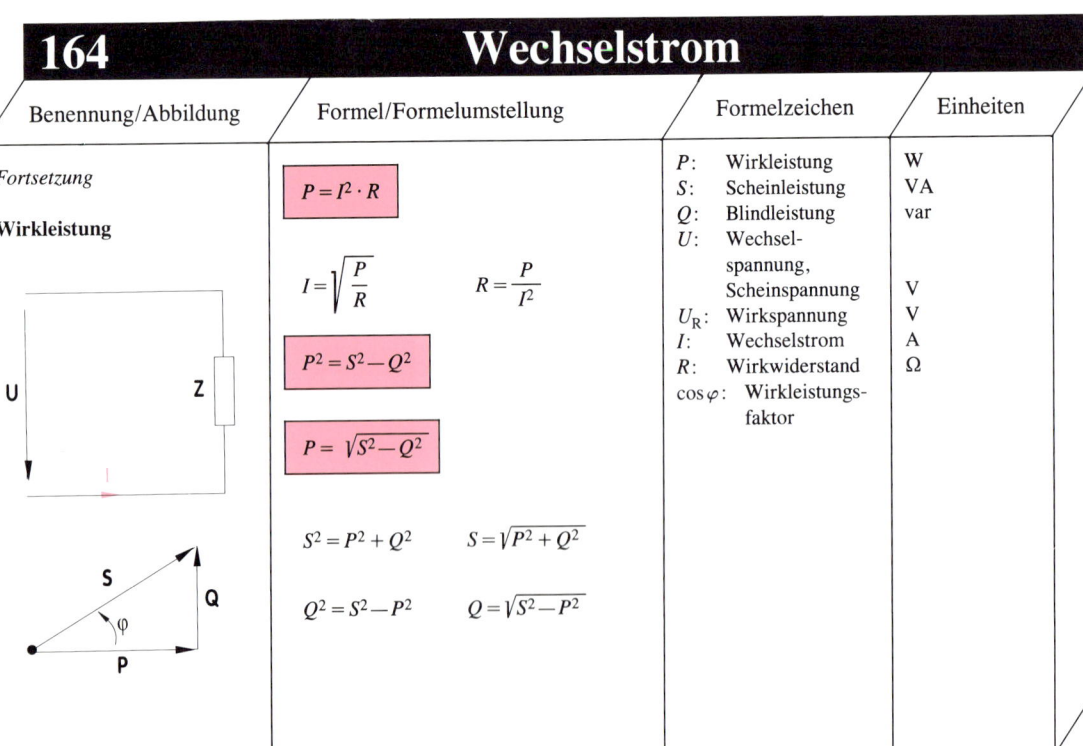

Fortsetzung

Wirkleistung

$$P = I^2 \cdot R$$

$$I = \sqrt{\frac{P}{R}} \qquad R = \frac{P}{I^2}$$

$$P^2 = S^2 - Q^2$$

$$P = \sqrt{S^2 - Q^2}$$

$$S^2 = P^2 + Q^2 \qquad S = \sqrt{P^2 + Q^2}$$

$$Q^2 = S^2 - P^2 \qquad Q = \sqrt{S^2 - P^2}$$

Formelzeichen:

P: Wirkleistung
S: Scheinleistung
Q: Blindleistung
U: Wechsel-
      spannung,
      Scheinspannung
U_R: Wirkspannung
I: Wechselstrom
R: Wirkwiderstand
$\cos\varphi$:   Wirkleistungs-
      faktor

Einheiten:

W
VA
var

V
V
A
Ω

Benennung/Abbildung	Formel/Formelumstellung	Formelzeichen	Einheiten
Blindleistung	$Q = S \cdot \sin\varphi$ $S = \dfrac{Q}{\sin\varphi}$ $\qquad$ $\sin\varphi = \dfrac{Q}{S}$ $Q = U \cdot I \cdot \sin\varphi$ $U = \dfrac{Q}{I \cdot \sin\varphi}$ $\qquad$ $I = \dfrac{Q}{U \cdot \sin\varphi}$ $\sin\varphi = \dfrac{Q}{U \cdot I}$ $Q = \dfrac{U_{\mathrm{b}}^2}{X}$ $U_{\mathrm{b}} = \sqrt{Q \cdot X}$ $\qquad$ $X = \dfrac{U_{\mathrm{b}}^2}{Q}$	Q: Blindleistung S: Scheinleistung P: Wirkleistung U: Wechsel-spannung, Scheinspannung U_{b}: Blindspannung I: Wechselstrom, Scheinstrom X: Blindwiderstand $\sin\varphi$: Blindleistungs-faktor	var VA W V V A Ω

Fortsetzung

Benennung/Abbildung	Formel/Formelumstellung	Formelzeichen	Einheiten

Fortsetzung
 	
 Blindleistung
 	
	$Q = I^2 \cdot X$
	
	 $I = \sqrt{\dfrac{Q}{X}}$ $X = \dfrac{Q}{I^2}$
	
	 $Q^2 = S^2 - P^2$
	
	 $Q = \sqrt{S^2 - P^2}$
	
	 $S^2 = P^2 + Q^2$ $S = \sqrt{P^2 + Q^2}$
	
	 $P^2 = S^2 - Q^2$ $P = \sqrt{S^2 - Q^2}$
		Q: Blindleistung
		 S: Scheinleistung
		 P: Wirkleistung
		 U: Wechsel-
		       spannung,
		       Scheinspannung
		 U_b: Blindspannung
		 I: Wechselstrom,
		       Scheinstrom
		 X: Blindwiderstand
		 $\sin\varphi$: Blindleistungs-
		       faktor
			var
			 VA
			 W
			
			 V
			 V
			
			 A
			 Ω

Benennung/Abbildung	Formel/Formelumstellung	Formelzeichen	Einheiten
Leiterspannung bei Dreieckschaltung	$U = U_{str}$ $U_{str} = U$	U: Leiterspannung U_{str}: Strangspannung	V V
Leiterstrom bei Dreieckschaltung	$I = I_{str} \cdot \sqrt{3}$ $I_{str} = \dfrac{I}{\sqrt{3}}$ $I = I_{str} \cdot 1{,}73$ $I_{str} = \dfrac{I}{1{,}73}$ $I = \dfrac{I_{str}}{0{,}578}$ $I_{str} = I \cdot 0{,}578$	I: Leiterstrom I_{str}: Strangstrom $\sqrt{3} = 1{,}73$ Verkettungsfaktor für Drehstrom $\dfrac{1}{1{,}73} = 0{,}578$	A A

Drehstrom

Benennung/Abbildung	Formel/Formelumstellung	Formelzeichen	Einheiten
Leiterspannung bei Sternschaltung 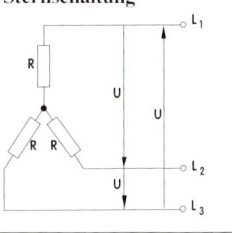	$U = U_{str} \cdot \sqrt{3}$ $U_{str} = \dfrac{U}{\sqrt{3}}$ $U = U_{str} \cdot 1{,}73$ $U_{str} = \dfrac{U}{1{,}73}$ $U = \dfrac{U_{str}}{0{,}578}$ $U_{str} = U \cdot 0{,}578$	U: Leiterspannung U_{str}: Strangspannung $\sqrt{3} = 1{,}73 \triangleq$ Verkettungsfaktor für Drehstrom $\dfrac{1}{1{,}73} = 0{,}578$	V V
Leiterstrom bei Sternschaltung 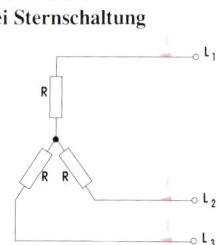	$I = I_{str}$ $I_{str} = I$	I: Leiterstrom I_{str}: Strangstrom	A A

Benennung/Abbildung	Formel/Formelumstellung	Formelzeichen	Einheiten
Scheinleistung	$S = \sqrt{3} \cdot U \cdot I$ $U = \dfrac{S}{\sqrt{3} \cdot I}$ $I = \dfrac{S}{\sqrt{3} \cdot U}$	S: Scheinleistung U: Wechsel-spannung, Scheinspannung I: Wechselstrom, Scheinstrom $\sqrt{3} = 1{,}73 \triangleq$ Verket-tungsfaktor für Drehstrom	VA V A
Wirkleistung	$P = \sqrt{3} \cdot U \cdot I \cdot \cos \varphi$ $U = \dfrac{P}{\sqrt{3} \cdot I \cdot \cos \varphi}$ $I = \dfrac{P}{\sqrt{3} \cdot U \cdot \cos \varphi}$ $\cos \varphi = \dfrac{P}{\sqrt{3} \cdot U \cdot I}$	P: Wirkleistung U: Wechsel-spannung I: Wechselstrom $\cos \varphi$: Wirkleistungs-faktor für Drehstrom $\sqrt{3} = 1{,}73 \triangleq$ Verket-tungsfaktor für Drehstrom	W V A

Drehstrom

Benennung/Abbildung	Formel/Formelumstellung	Formelzeichen	Einheiten
Blindleistung	$Q = \sqrt{3} \cdot U \cdot I \cdot \sin \varphi$ $U = \dfrac{Q}{\sqrt{3} \cdot I \cdot \sin \varphi}$ $I = \dfrac{Q}{\sqrt{3} \cdot U \cdot \sin \varphi}$ $\sin \varphi = \dfrac{Q}{\sqrt{3} \cdot U \cdot I}$	Q: Blindleistung U: Wechselspannung I: Wechselstrom $\sin \varphi$:Blindleistungs- faktor $\sqrt{3}$ =1,73 Verkettungs- faktor für Drehstrom	var V A

Benennung/Abbildung	Formel/Formelumstellung	Formelzeichen	Einheiten
Leerlaufspannung 	$$U_0 = 4{,}44 \cdot \hat{\Phi} \cdot f \cdot N$$ $$\hat{\Phi} = \frac{U_0}{4{,}44 \cdot f \cdot N}$$ $$f = \frac{U_0}{4{,}44 \cdot \hat{\Phi} \cdot N}$$ $$N = \frac{U_0}{4{,}44 \cdot \hat{\Phi} \cdot f}$$ $$\Phi = B \cdot A \qquad B = \frac{\Phi}{A} \qquad A = \frac{\Phi}{B}$$	U_0: Leerlaufspannung Φ: magnetischer Fluß f: Frequenz N: Windungszahl B: magnetische Induktion A: Polquerschnitt	V Wb Hz T m^2
Kurzschlußspannung	$$u_K = \frac{100 \cdot U_K}{U}$$ $$U_K = \frac{u_K \cdot U}{100} \qquad U = \frac{100 \cdot U_K}{u_K}$$	u_K: Kurzschlußspannung in Prozent U_K: gemessene Kurzschlußspannung U: Nennspannung	% V V

Transformator

Benennung/Abbildung	Formel/Formelumstellung	Formelzeichen	Einheiten
Dauerkurzschlußstrom	$$I_{Kd} = \frac{100 \cdot I}{u_K}$$ $$I = \frac{I_{Kd} \cdot u_K}{100}$$ $$u_K = \frac{100 \cdot I}{I_{Kd}}$$	I_{Kd}: Dauerkurzschlußstrom I: Nennstrom u_K: Kurzschlußspannung in Prozent	A A %
Stoßkurzschlußstrom	$$I_S = 2{,}54 \cdot I_{Kd}$$ $$I_{Kd} = \frac{I_S}{2{,}54}$$	I_S: Stoßkurzschlußstrom I_{Kd}: Dauerkurzschlußstrom	A A

Benennung/Abbildung	Formel/Formelumstellung	Formelzeichen	Einheiten
Windungszahlen und Spannungen 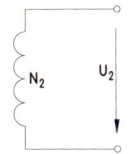	$$\dfrac{N_1}{N_2} = \dfrac{U_1}{U_2}$$ $N_1 = \dfrac{U_1 \cdot N_2}{U_2}$ $\qquad N_2 = \dfrac{N_1 \cdot U_2}{U_1}$ $U_1 = \dfrac{N_1 \cdot U_2}{N_2}$ $\qquad U_2 = \dfrac{U_1 \cdot N_2}{N_1}$	N_1: Primärwindungszahl N_2: Sekundärwindungszahl U_1: Primärspannung U_2: Sekundärspannung I_1: Primärstrom I_2: Sekundärstrom	V V A A
Windungszahlen und Ströme 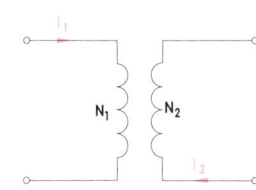	$$\dfrac{N_1}{N_2} = \dfrac{I_2}{I_1}$$ $N_1 = \dfrac{I_2 \cdot N_2}{I_1}$ $\qquad N_2 = \dfrac{N_1 \cdot I_1}{I_2}$ $I_2 = \dfrac{N_1 \cdot I_1}{N_2}$ $\qquad I_1 = \dfrac{I_2 \cdot N_2}{N_1}$		

Transformator

Benennung/Abbildung	Formel/Formelumstellung	Formelzeichen	Einheiten
Spannungen und Ströme 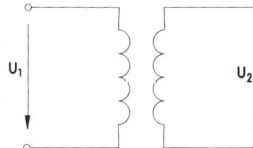	$$\dfrac{U_1}{U_2} = \dfrac{I_2}{I_1}$$ $$U_1 = \dfrac{I_2 \cdot U_2}{I_1} \qquad U_2 = \dfrac{U_1 \cdot I_1}{I_2}$$ $$I_2 = \dfrac{U_1 \cdot I_1}{U_2} \qquad I_1 = \dfrac{I_2 \cdot U_2}{U_1}$$	N_1: Primärwindungszahl N_2: Sekundärwindungszahl U_1: Primärspannung U_2: Sekundärspannung I_1: Primärstrom I_2: Sekundärstrom R_1: Primärwiderstand R_2: Sekundärwiderstand	 V V A A Ω Ω
Windungszahlen und Widerstände 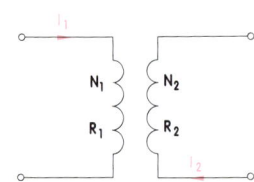	$$\dfrac{N_1}{N_2} = \dfrac{\sqrt{R_1}}{\sqrt{R_2}}$$ $$N_1 = \dfrac{\sqrt{R_1} \cdot N_2}{\sqrt{R_2}} \qquad N_2 = \dfrac{N_1 \cdot \sqrt{R_2}}{\sqrt{R_1}}$$ $$R_1 = \dfrac{N_1^2 \cdot R_2}{N_2^2} \qquad R_2 = \dfrac{R_1 \cdot N_2^2}{N_1^2}$$		

Benennung/Abbildung	Formel/Formelumstellung	Formelzeichen	Einheiten
Übersetzungsverhältnis 	$$\ddot{u} = \frac{N_1}{N_2} = \frac{U_1}{U_2} = \frac{I_2}{I_1} = \frac{\sqrt{R_1}}{\sqrt{R_2}}$$	$\ddot{u}$: Übersetzungs-verhältnis N_1: Primär-windungszahl N_2: Sekundär-windungszahl	
Windungszahl 	$$\ddot{u} = \frac{N_1}{N_2}$$ $\quad N_1 = \ddot{u} \cdot N_2 \qquad N_2 = \dfrac{N_1}{\ddot{u}}$	U_1: Primärspannung U_2: Sekundär-spannung I_1: Primärstrom I_2: Sekundärstrom	V V A A
Spannungsübersetzung 	$$\ddot{u} = \frac{U_1}{U_2}$$ $\quad U_1 = \ddot{u} \cdot U_2 \qquad U_2 = \dfrac{U_1}{\ddot{u}}$	R_1: Primärwi-derstand R_2: Sekundär-widerstand	Ω Ω

Benennung/Abbildung	Formel/Formelumstellung	Formelzeichen	Einheiten

Stromübersetzung

$$\ddot{u} = \frac{I_2}{I_1}$$

$$I_2 = \ddot{u} \cdot I_1 \qquad\qquad I_1 = \frac{I_2}{\ddot{u}}$$

Widerstandsübersetzung

$$\ddot{u} = \frac{\sqrt{R_1}}{\sqrt{R_2}}$$

$$R_1 = \ddot{u}^2 \cdot R_2 \qquad\qquad R_2 = \frac{R_1}{\ddot{u}^2}$$

$$\ddot{u}^2 = \frac{R_1}{R_2}$$

$$R_1 = \ddot{u}^2 \cdot R_2 \qquad\qquad R_2 = \frac{R_1}{\ddot{u}^2}$$

Formelzeichen:

$\ddot{u}$:   Übersetzungsverhältnis

I_1:   Primärstrom

I_2:   Sekundärstrom

R_1:   Primärwiderstand

R_2:   Sekundärwiderstand

Einheiten:

A

A

Ω

Ω

Benennung/Abbildung	Formel/Formelumstellung	Formelzeichen	Einheiten
Tiefpaß	$R = X_C$ $R = \dfrac{1}{\omega \cdot C}$ $\omega = 2 \cdot \pi \cdot f$ $R = \dfrac{1}{2 \cdot \pi \cdot f \cdot C}$ $C = \dfrac{1}{2 \cdot \pi \cdot f \cdot R}$ $f_g = \dfrac{1}{2 \cdot \pi \cdot R \cdot C}$	f_g: Grenzfrequenz R: Widerstand X_C: kapazitiver Blindwiderstand X_L: induktiver Blindwiderstand C: Kapazität L: Induktivität ω: Kreisfrequenz π: 3,14 f: Frequenz	Hz Ω Ω Ω F H $\dfrac{1}{s}$ Hz
Tiefpaß	$R = X_L$ $R = \omega \cdot L$ $\omega = 2 \cdot \pi \cdot f$ $R = 2 \cdot \pi \cdot f \cdot L$ $L = \dfrac{R}{2 \cdot \pi \cdot f}$ $f_g = \dfrac{R}{2 \cdot \pi \cdot L}$		

178	**Filter**		
Benennung/Abbildung	Formel/Formelumstellung	Formelzeichen	Einheiten

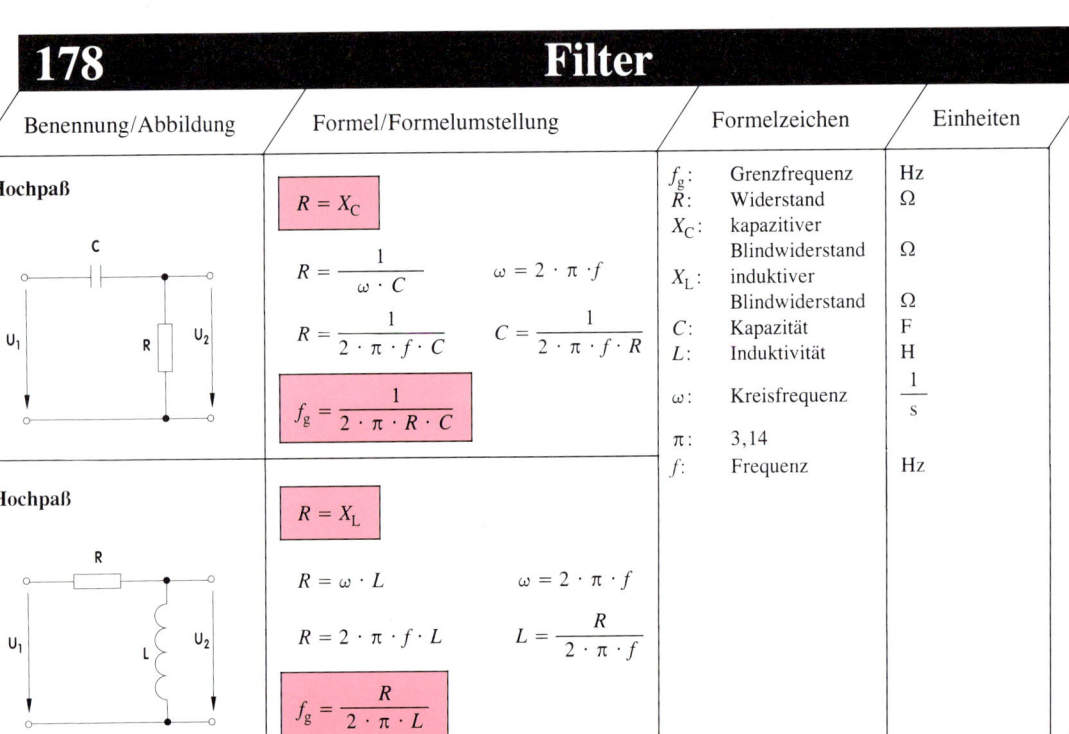

Hochpaß

$$R = X_C$$

$$R = \frac{1}{\omega \cdot C} \qquad \omega = 2 \cdot \pi \cdot f$$

$$R = \frac{1}{2 \cdot \pi \cdot f \cdot C} \qquad C = \frac{1}{2 \cdot \pi \cdot f \cdot R}$$

$$f_g = \frac{1}{2 \cdot \pi \cdot R \cdot C}$$

Hochpaß

$$R = X_L$$

$$R = \omega \cdot L \qquad \omega = 2 \cdot \pi \cdot f$$

$$R = 2 \cdot \pi \cdot f \cdot L \qquad L = \frac{R}{2 \cdot \pi \cdot f}$$

$$f_g = \frac{R}{2 \cdot \pi \cdot L}$$

Formelzeichen		Einheiten
f_g:	Grenzfrequenz	Hz
R:	Widerstand	Ω
X_C:	kapazitiver Blindwiderstand	Ω
X_L:	induktiver Blindwiderstand	Ω
C:	Kapazität	F
L:	Induktivität	H
ω:	Kreisfrequenz	$\frac{1}{s}$
π:	3,14	
f:	Frequenz	Hz

Benennung/Abbildung	Formel/Formelumstellung	Formelzeichen	Einheiten
Hochpaß 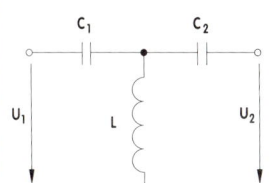	$X_L = X_C$ $\quad\quad \omega \cdot L = \dfrac{1}{\omega \cdot C}$ $L = \dfrac{1}{\omega^2 \cdot C}$ $\quad C = \dfrac{1}{\omega^2 \cdot L}$ $f_g = \dfrac{1}{2 \cdot \pi \cdot \sqrt{L \cdot C}}$ $L = L_1 = L_2$	f_g: Grenzfrequenz X_L: induktiver Blindwiderstand X_C: kapazitiver Blindwiderstand C: Kapazität C_1: Kapazität 1 C_2: Kapazität 2 L: Induktivität L_1: Induktivität 1 L_2: Induktivität 2 ω: Kreisfrequenz π: 3,14 f: Frequenz	Hz Ω Ω F F F H H H $\dfrac{1}{s}$ Hz
Hochpaß	$X_L = X_C$ $\quad\quad \omega \cdot L = \dfrac{1}{\omega \cdot C}$ $L = \dfrac{1}{\omega^2 \cdot C}$ $\quad C = \dfrac{1}{\omega^2 \cdot L}$ $f_g = \dfrac{1}{2 \cdot \pi \cdot \sqrt{L \cdot C}}$ $C = C_1 = C_2$		

Benennung/Abbildung	Formel/Formelumstellung	Formelzeichen	Einheiten
Beleuchtungsstärke in Punkt P	$$E_P = \frac{I_V \cdot \cos \alpha}{r^2}$$ $$I_V = \frac{E_P \cdot r^2}{\cos \alpha}$$ $$\cos \alpha = \frac{E_P \cdot r^2}{I_V}$$ $$r = \sqrt{\frac{I_V \cdot \cos \alpha}{E_P}}$$	E_P: Beleuchtungsstärke in Punkt P (vertikal) I_V: Lichtstärke r: Abstand des Punktes P von der Lichtquelle α: Strahlungswinkel gegen die Senkrechte	Lx cd m °
Innenbeleuchtung nach der Wirkungsgradmethode	$$\Phi_V = \frac{E_{mittl.} \cdot A}{\eta_B \cdot V}$$ $$E_{mittl.} = \frac{\Phi_V \cdot \eta_B \cdot V}{A}$$ $$A = \frac{\Phi_V \cdot \eta_B \cdot V}{E_{mittl.}}$$ $$\eta_B = \frac{E_{mittl.} \cdot A}{V \cdot \Phi_V} \qquad V = \frac{E_{mittl.} \cdot A}{\eta_B \cdot \Phi_V}$$	Φ_V: Lichtstrom $E_{mittl.}$: Erforderliche mittlere Beleuchtungsstärke A: Bodenfläche des Raumes η_B: Beleuchtungswirkungsgrad V: Verlustfaktor	Lm Lx m²

Benennung/Abbildung	Formel/Formelumstellung	Formelzeichen	Einheiten
Lichtausbeute	$\eta = \dfrac{\Phi_V}{P}$ $\qquad \Phi_V = \eta \cdot P \qquad P = \dfrac{\Phi_V}{\eta}$	η: Lichtausbeute Φ_V: Lichtstrom P: Leistungsaufnahme der Lichtquelle	$\dfrac{lm}{W}$ Lm W
Lichtstärke	$I_V = \dfrac{\Phi_V}{\Omega}$ $\qquad \Phi_V = I_V \cdot \Omega \qquad \Omega = \dfrac{\Phi_V}{I_V}$	I_V: Lichtstärke Φ_V: Lichtstrom Ω: Raumwinkel	cd lm 1 sr, wenn die Ausschnittsfläche der Kugel 1 m² beträgt 1 lm = 1 cd = 1 sr ·
Lichtmenge	$Q_V = \Phi_V \cdot t$ $\qquad \Phi_V = \dfrac{Q_V}{t} \qquad t = \dfrac{Q_V}{\Phi_V}$	Q_V: Lichtmenge Φ_V: Lichtstrom t: Zeit	lms lm s
Leuchtdichte	$L_V = \dfrac{I_V}{A}$ $\qquad I_V = L_V \cdot A \qquad A = \dfrac{I_V}{L_V}$	L_V: Leuchtdichte I_V: Lichtstärke A: leuchtende sichtbare Fläche	$\dfrac{cd}{m^2}$ cd m²
Beleuchtungsstärke	$E_V = \dfrac{\Phi_V}{A}$ $\qquad \Phi_V = E_V \cdot A \qquad A = \dfrac{\Phi_V}{E_V}$	E_V: Beleuchtungsstärke Φ_V: Lichtstrom A: beleuchtete Fläche	lx lm m²

Benennung/Abbildung	Formel/Formelumstellung	Formelzeichen	Einheiten
Fehlerstrom Die Widerstände der Leitungen R_L und des Erders R_B können in der Praxis vernachlässigt werden.	$$I_F = \frac{U_0}{R_F + R_K + R_{St} + R_L + R_B}$$ $U_0 = I_F \cdot (R_F + R_K + R_{St} + R_L + R_B)$ $R_F = \dfrac{U_0}{I_F} - R_K - R_{St} - R_L - R_B$ $R_K = \dfrac{U_0}{I_F} - R_F - R_{St} - R_L - R_B$ $R_{St} = \dfrac{U_0}{I_F} - R_F - R_K - R_L - R_B$ $R_L = \dfrac{U_0}{I_F} - R_F - R_K - R_{St} - R_B$ $R_B = \dfrac{U_0}{I_F} - R_F - R_K - R_{St} - R_L$	I_F: Fehlerstrom U_0: Spannung gegen Erde R_F: Isolationswiderstand an der Fehlerstelle R_K: Körperwiderstand R_{St}: Widerstand isolierender Fußböden und Wände R_L: Widerstand der Leitungen R_B: Widerstand des Erders	A V Ω Ω Ω Ω Ω

Benennung/Abbildung	Formel/Formelumstellung	Formelzeichen	Einheiten
Welligkeit 	Spannungswelligkeit $$w_u = \dfrac{U_w}{U_{di}}$$ $$U_w = w_u \cdot U_{di}$$ $$U_{di} = \dfrac{U_w}{w_u}$$ Stromwelligkeit $$w_I = \dfrac{I_w}{I_d}$$ $$I_w = w_I \cdot I_d$$ $$I_d = \dfrac{I_w}{w_I}$$ $$w_u = w_I$$	w: Welligkeit w_u: Spannungs-welligkeit w_I: Stromwelligkeit U_w: überlagerte Wechsel-spannung (Brumm-spannung) U_{di}: ideelle Gleichspannung I_w: überlagerter Wechselstrom I_d: Gleichstrom (Arithm. Mittelwert)	 V V A A

Elektronik

Benennung/Abbildung	Formel/Formelumstellung	Formelzeichen	Einheiten

Glättung

Glättung durch Drossel

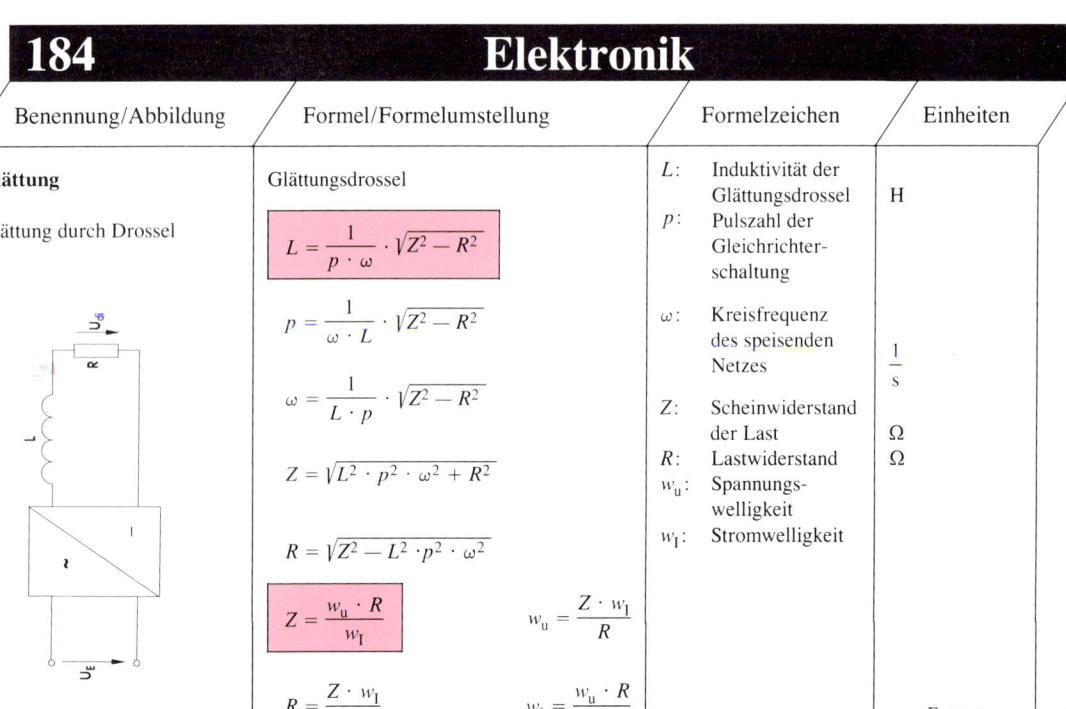

Glättungsdrossel

$$L = \frac{1}{p \cdot \omega} \cdot \sqrt{Z^2 - R^2}$$

$$p = \frac{1}{\omega \cdot L} \cdot \sqrt{Z^2 - R^2}$$

$$\omega = \frac{1}{L \cdot p} \cdot \sqrt{Z^2 - R^2}$$

$$Z = \sqrt{L^2 \cdot p^2 \cdot \omega^2 + R^2}$$

$$R = \sqrt{Z^2 - L^2 \cdot p^2 \cdot \omega^2}$$

$$Z = \frac{w_u \cdot R}{w_I} \qquad\qquad w_u = \frac{Z \cdot w_I}{R}$$

$$R = \frac{Z \cdot w_I}{w_u} \qquad\qquad w_I = \frac{w_u \cdot R}{Z}$$

L: Induktivität der Glättungsdrossel — H

p: Pulszahl der Gleichrichterschaltung

ω: Kreisfrequenz des speisenden Netzes — $\frac{1}{s}$

Z: Scheinwiderstand der Last — Ω

R: Lastwiderstand — Ω

w_u: Spannungswelligkeit

w_I: Stromwelligkeit

Fortsetzung

Benennung/Abbildung	Formel/Formelumstellung	Formelzeichen	Einheiten
Fortsetzung Glattung durch Kondensator 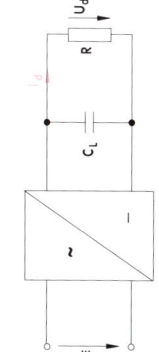 Einpulsschaltungen $K = 0,25$ Zweipulsschaltungen $K = 0,2$	Ladekondensator $$C_{\mathrm{L}} = \frac{K \cdot I_{\mathrm{d}}}{p \cdot f \cdot U_{\mathrm{w}}}$$ $$I_{\mathrm{d}} = \frac{C_{\mathrm{L}} \cdot p \cdot f \cdot U_{\mathrm{w}}}{K}$$ $$p = \frac{K \cdot I_{\mathrm{d}}}{f \cdot U_{\mathrm{w}} \cdot C_{\mathrm{L}}}$$ $$f = \frac{K \cdot I_{\mathrm{d}}}{p \cdot U_{\mathrm{w}} \cdot C_{\mathrm{L}}}$$ $$U_{\mathrm{w}} = \frac{K \cdot I_{\mathrm{d}}}{p \cdot f \cdot C_{\mathrm{L}}}$$	C_{L}: Kapazität des Ladekondensators K: Pulsschaltungsfaktor I_{d}: Laststrom p: Pulszahl f: Netzfrequenz U_{w}: zulässige Brummspannung	F A Hz V

Benennung/Abbildung	Formel/Formelumstellung	Formelzeichen	Einheiten

Siebung

Siebfaktor

$$s = \frac{U_E}{U_A} \qquad U_E = s \cdot U_A \qquad U_A = \frac{U_E}{s}$$

RC-Siebglied

$$s \approx \frac{R_S}{X_{CS}}$$

$$R_S \approx s \cdot X_{CS} \qquad X_{CS} \approx \frac{R_S}{s}$$

RC-Siebglied

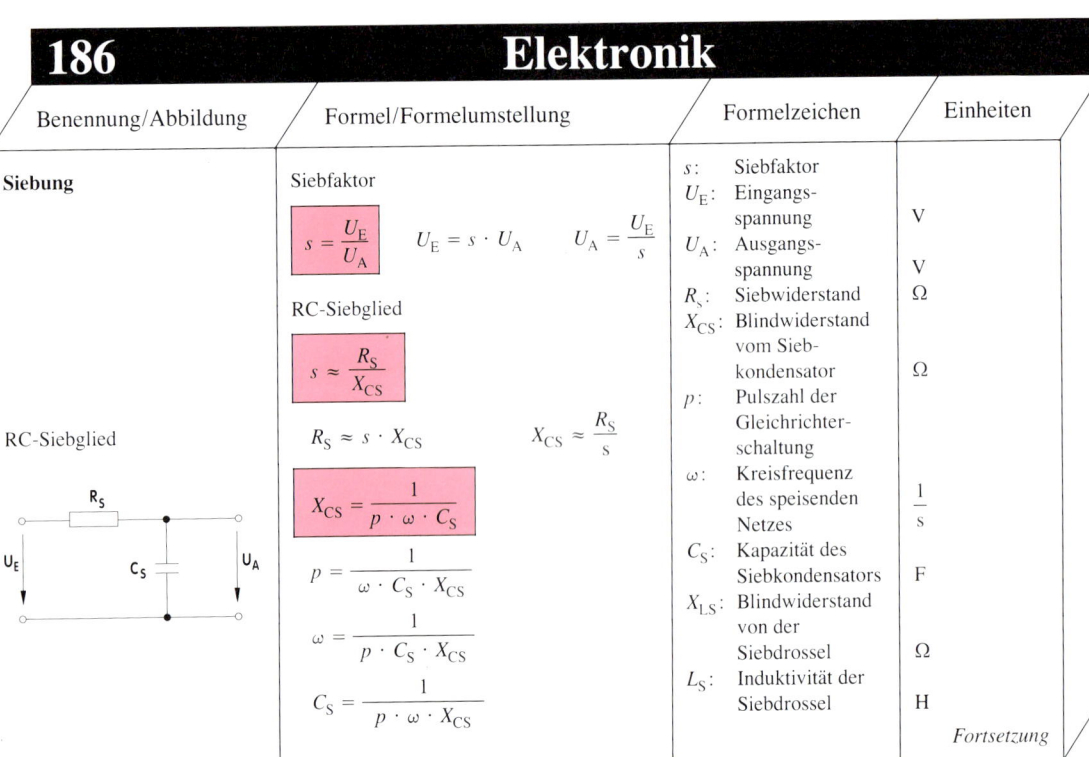

$$X_{CS} = \frac{1}{p \cdot \omega \cdot C_S}$$

$$p = \frac{1}{\omega \cdot C_S \cdot X_{CS}}$$

$$\omega = \frac{1}{p \cdot C_S \cdot X_{CS}}$$

$$C_S = \frac{1}{p \cdot \omega \cdot X_{CS}}$$

Formelzeichen:

s: Siebfaktor
U_E: Eingangsspannung — V
U_A: Ausgangsspannung — V
R_s: Siebwiderstand — Ω
X_{CS}: Blindwiderstand vom Siebkondensator — Ω
p: Pulszahl der Gleichrichterschaltung
ω: Kreisfrequenz des speisenden Netzes — $\frac{1}{s}$
C_S: Kapazität des Siebkondensators — F
X_{LS}: Blindwiderstand von der Siebdrossel — Ω
L_S: Induktivität der Siebdrossel — H

Fortsetzung

Benennung/Abbildung	Formel/Formelumstellung	Formelzeichen	Einheiten
Fortsetzung	LC-Siebglied $$s \approx \frac{X_{LS}}{X_{CS}}$$ $$X_{LS} \approx s \cdot X_{CS} \qquad X_{CS} \approx \frac{X_{LS}}{s}$$ $$X_{LS} = p \cdot \omega \cdot L_S$$ $$p = \frac{X_{LS}}{\omega \cdot L_S}$$ $$\omega = \frac{X_{LS}}{p \cdot L_S}$$ $$L_S = \frac{X_{LS}}{p \cdot \omega}$$	s: Siebfaktor U_E: Eingangs-spannung U_A: Ausgangs-spannung R_s: Siebwiderstand X_{CS}: Blindwiderstand vom Siebkondensator p: Pulszahl der Gleichrichter-schaltung ω: Kreisfrequenz des speisenden Netzes C_S: Kapazität des Siebkondensators X_{LS}: Blindwiderstand von der Siebdrossel L_S: Induktivität der Siebdrossel	V V Ω Ω $\frac{1}{s}$ F Ω H
LC-Siebglied			

Benennung/Abbildung	Formel/Formelumstellung	Formelzeichen	Einheiten
Stabilisierung mit Z-Diode **Verlustleistung der Z-Diode** In der Praxis gilt: 	$P_{\mathrm{v}} = U_{\mathrm{z}} \cdot I_{\mathrm{z}}$ $U_{\mathrm{z}} = \dfrac{P_{\mathrm{v}}}{I_{\mathrm{z}}}$ $I_{\mathrm{z}} = \dfrac{P_{\mathrm{v}}}{U_{\mathrm{z}}}$ $I_{\mathrm{z max}} = \dfrac{P_{\mathrm{v}}}{U_{\mathrm{z}}}$ $I_{\mathrm{z min}} = 0{,}1 \cdot I_{\mathrm{z max}}$ $P_{\mathrm{v}} = I_{\mathrm{z max}} \cdot U_{\mathrm{z}}$ $I_{\mathrm{z max}} = \dfrac{I_{\mathrm{z min}}}{0{,}1}$ $U_{\mathrm{z}} = \dfrac{P_{\mathrm{v}}}{I_{\mathrm{z max}}}$ $R_{\mathrm{v min}} = \dfrac{U_{1\,\mathrm{max}} - U_{\mathrm{z}}}{I_{\mathrm{z max}} + I_{\mathrm{L min}}}$ $U_{1\,\mathrm{max}} = R_{\mathrm{v min}} \cdot (I_{\mathrm{z max}} + I_{\mathrm{L min}}) + U_{\mathrm{z}}$ $U_{\mathrm{z}} = U_{1\,\mathrm{max}} - R_{\mathrm{v min}} \cdot (I_{\mathrm{z max}} + I_{\mathrm{L min}})$ $I_{\mathrm{z max}} = \dfrac{U_{1\,\mathrm{max}} - U_{\mathrm{z}} - R_{\mathrm{v min}} \cdot I_{\mathrm{L min}}}{R_{\mathrm{v min}}}$ $I_{\mathrm{L min}} = \dfrac{U_{1\,\mathrm{max}} - U_{\mathrm{z}} - R_{\mathrm{v min}} \cdot I_{\mathrm{z max}}}{R_{\mathrm{v min}}}$	P_{v}: Verlustleistung der Z-Diode U_{z}: Arbeitsspannung der Z-Diode I_{z}: Sperrstrom (Arbeitsstrom) $I_{\mathrm{z max}}$: maximaler Sperrstrom der Z-Diode $I_{\mathrm{z min}}$: minimaler Sperrstrom der Z-Diode $R_{\mathrm{v min}}$: minimaler Vorwiderstand $U_{1\,\mathrm{max}}$: maximale Eingangsspannung $I_{\mathrm{L max}}$: minimaler Laststrom der Z-Diode $U_{\mathrm{v min}}$: minimaler Spannungsabfall	W V A A A Ω V A V

Fortsetzung

Elektronik

Benennung/Abbildung	Formel/Formelumstellung	Formelzeichen	Einheiten
Fortsetzung In der Praxis gilt:	$$R_{v\max} = \frac{U_{1\min} - U_z}{I_{z\min} + I_{L\max}}$$ $U_{1\min} = R_{v\max} \cdot (I_{z\min} + I_{L\max}) + U_z$ $U_z = U_{1\min} - R_{v\max} \cdot (I_{z\min} + I_{L\max})$ $I_{z\min} = \dfrac{U_{1\min} - U_z - R_{v\max} \cdot I_{L\max}}{R_{v\max}}$ $I_{L\max} = \dfrac{U_{1\min} - U_z - R_{v\max} \cdot I_{z\min}}{R_{v\max}}$	$R_{v\max}$: maximaler Vorwiderstand $U_{1\min}$: minimale Spannung 1 U_z: Arbeitsspannung der Z-Diode $I_{z\min}$: minimaler Sperrstrom (Arbeitsstrom) $I_{L\max}$: maximaler Laststrom $I_{L\min}$: minimaler Laststrom	Ω V V A A A

Benennung/Abbildung	Formel/Formelumstellung	Formelzeichen	Einheiten
Differentieller Innenwiderstand der Z-Diode	$r_{iZ} = \dfrac{\Delta U_Z}{\Delta I_z}$ $\Delta U_Z = \Delta I_Z \cdot r_{iZ}$ $\Delta I_Z = \dfrac{\Delta U_Z}{r_{iZ}}$	r_{iZ}: differentieller Innenwiderstand der Z-Diode U_Z: Arbeitsspannung der Z-Diode I_Z: Sperrstrom (Arbeitsstrom) G: Glättungsfaktor R_V: Vorwiderstand	Ω V A Ω
Glättungsfaktor	$G = \dfrac{R_V}{r_{iZ}} + 1$ $R_V = r_{iZ} \cdot (G - 1)$ $r_{iZ} = \dfrac{R_V}{G - 1}$		

Benennung/Abbildung	Formel/Formelumstellung	Formelzeichen	Einheiten
Bipolare Transistoren Gleichstromgrößen 	$R_{BE} = \dfrac{U_{BE}}{I_B}$ $U_{BE} = R_{BE} \cdot I_B$ $\qquad I_B = \dfrac{U_{BE}}{R_{BE}}$ $R_{CE} = \dfrac{U_{CE}}{I_C}$ $U_{CE} = R_{CE} \cdot I_C$ $\qquad I_C = \dfrac{U_{CE}}{R_{CE}}$ $B = \dfrac{I_C}{I_B}$ $I_C = B \cdot I_B$ $\qquad I_B = \dfrac{I_C}{B}$	R_{BE}: Gleichstrom-eingangs-widerstand R_{CE}: Gleichstrom-ausgangs-widerstand B: Gleichstrom-verstärkung U_{BE}: Basis-Emitter-Spannung I_B: Basisstrom U_{CE}: Kollektor-Emitter-Spannung I_C: Kollektorstrom	Ω Ω V A V A

Benennung/Abbildung	Formel/Formelumstellung		Formelzeichen	Einheiten

Bipolare Transistoren

Wechselstromgrößen

$$r_{BE} = \frac{\Delta U_{BE}}{\Delta I_B} \quad \text{oder} \quad r_{BE} = \frac{u_{BE}}{i_B}$$

$$\Delta U_{BE} = r_{BE} \cdot \Delta I_B \quad \text{oder} \quad u_{BE} = r_{BE} \cdot i_B$$

$$\Delta I_B = \frac{\Delta U_{BE}}{r_{BE}} \quad \text{oder} \quad i_B = \frac{u_{BE}}{r_{BE}}$$

$$r_{CE} = \frac{\Delta U_{CE}}{\Delta I_C} \quad \text{oder} \quad r_{CE} = \frac{u_{CE}}{i_C}$$

$$\Delta U_{CE} = r_{CE} \cdot \Delta I_C \quad \text{oder} \quad u_{CE} = r_{CE} \cdot i_C$$

$$\Delta I_C = \frac{\Delta U_{CE}}{r_{CE}} \quad \text{oder} \quad i_C = \frac{u_{CE}}{r_{CE}}$$

$$\beta = \frac{\Delta I_C}{\Delta I_B} \quad \text{oder} \quad \beta = \frac{i_C}{i_B}$$

$$\Delta I_C = \beta \cdot \Delta I_B \quad \text{oder} \quad i_C = \beta \cdot i_B$$

$$\Delta I_B = \frac{\Delta I_C}{\beta} \quad \text{oder} \quad i_B = \frac{i_C}{\beta}$$

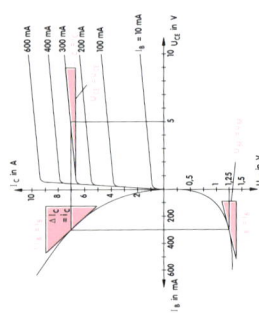

Formelzeichen		Einheiten
r_{BE}:	Wechselstrom-eingangswiderstand	Ω
r_{CE}:	Wechselstrom-ausgangswiderstand	Ω
β:	Wechselstrom-verstärkung	
ΔU_{BE}:	Änderung der Basis-Emitter-Spannung	V
u_{BE}:	Basis-Emitter-Spannungsänderung	V
ΔI_B:	Basisstromänderung	A
i_B:	Basisstromänderung	A
ΔU_{CE}:	Änderung der Kollektor-Emitter-Spannung	V
u_{CE}:	Kollektor-Emitter-Spannungsänderung	V
ΔI_C:	Kollektorstrom-änderung	A
i_C:	Kollektorstrom-änderung	A
ΔI_B:	Basisstromänderung	A
i_B:	Basisstromänderung	A

Benennung/Abbildung	Formel/Formelumstellung	Formelzeichen	Einheiten
Bipolare Transistoren Arbeitspunkt 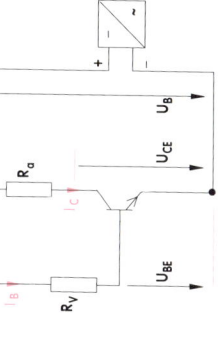	$R_V = \dfrac{U_V}{I_B}$ $U_V = U_D - U_{BE}$ $U_V = R_V \cdot I_B$ $I_B = \dfrac{U_V}{R_V}$ $U_B = U_V + U_{BE}$ $U_{BE} = U_B - U_V$ $R_1 = \dfrac{U_1}{I_1}$ $U_1 = U_B - U_{BE}$ $U_1 = R_1 \cdot I_1$ $I_1 = \dfrac{U_1}{R_1}$ $U_B = U_1 + U_{BE}$ $U_{BE} = U_B - U_1$ $I_1 = I_B + I_2$ $I_2 = n \cdot I_B$ $I_B = I_1 - I_2$ $I_2 = I_1 - I_B$ $n = \dfrac{I_2}{I_B}$ $I_B = \dfrac{I_2}{n}$ Erfahrungswert: $n = 5 \ldots 10$	R_V: Vorwiderstand U_V: Spannung für Vorwiderstand R_1: Widerstand U_1: Spannung für Widerstand 1 I_1: Strom durch Widerstand 1 I_2: Strom durch Widerstand 2 U_B: Basisspannung U_{BE}: Basis-Emitter-Spannung I_B: Basisstrom n: Erfahrungswert	Ω V Ω V A A V V A

Benennung/Abbildung	Formel/Formelumstellung	Formelzeichen	Einheiten
Bipolare Transistoren Arbeitspunkt 	$R_2 = \dfrac{U_{BE}}{n \cdot I_B}$ $R_2 = \dfrac{U_{R2}}{n \cdot I_B}$ $U_{BE} = R_2 \cdot n \cdot I_B$ $U_{R2} = R_2 \cdot n \cdot I_B$ $n = \dfrac{U_{BE}}{I_B \cdot R_2}$ $n = \dfrac{U_{R2}}{I_B \cdot R_2}$ $I_B = \dfrac{U_{BE}}{n \cdot R_2}$ $I_B = \dfrac{U_{R2}}{n \cdot R_2}$ Erfahrungswert: $n = 5 \ldots 10$	R_2: Widerstand 2 U_{BE}: Basis-Emitter-Spannung U_{R2}: Spannung Widerstand 2 I_B: Basisstrom n: Erfahrungswert	Ω V V A

Benennung/Abbildung	Formel/Formelumstellung	Formelzeichen	Einheiten
Bipolare Transistoren Verlustleistung 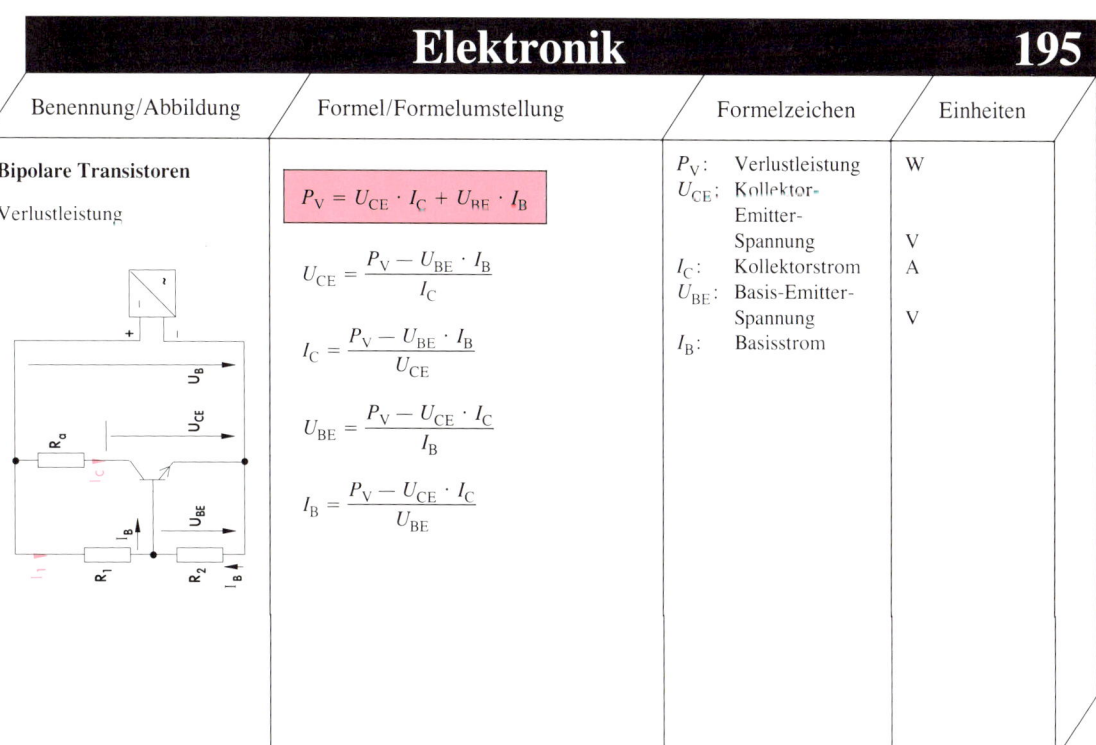	$$P_V = U_{CE} \cdot I_C + U_{BE} \cdot I_B$$ $U_{CE} = \dfrac{P_V - U_{BE} \cdot I_B}{I_C}$ $I_C = \dfrac{P_V - U_{BE} \cdot I_B}{U_{CE}}$ $U_{BE} = \dfrac{P_V - U_{CE} \cdot I_C}{I_B}$ $I_B = \dfrac{P_V - U_{CE} \cdot I_C}{U_{BE}}$	P_V: Verlustleistung U_{CE}: Kollektor-Emitter-Spannung I_C: Kollektorstrom U_{BE}: Basis-Emitter-Spannung I_B: Basisstrom	W V A V

Elektronik

Benennung/Abbildung	Formel/Formelumstellung	Formelzeichen	Einheiten

Bipolare Transistoren

Verstärkung

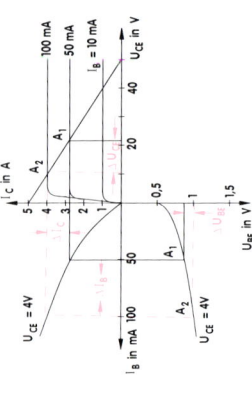

$$v_U = \frac{\Delta U_{CE}}{\Delta U_{BE}} \quad \text{oder} \quad v_u = \frac{u_{CE}}{u_{BE}}$$

$$\Delta U_{CE} = v_u \cdot \Delta U_{BE} \qquad u_{CE} = v_u \cdot u_{BE}$$

$$\Delta U_{BE} = \frac{\Delta U_{CB}}{v_u} \qquad u_{BE} = \frac{u_{CE}}{v_u}$$

$$v_P = v_u \cdot v_i$$

$$v_u = \frac{v_P}{v_i} \qquad v_i = \frac{v_P}{v_u}$$

$$v_i = \frac{\Delta I_C}{\Delta I_B} \quad \text{oder} \quad v_i = \frac{i_C}{i_B}$$

$$\Delta I_C = v_i \cdot \Delta I_B \qquad i_C = v_i \cdot I_B$$

$$\Delta I_B = \frac{\Delta I_C}{v_i} \qquad i_B = \frac{i_C}{v_u}$$

Formelzeichen		Einheiten
v_u:	Spannungsverstärkung	
v_i:	Stromverstärkung	
ΔU_{CE}:	Änderung der Kollektor-Emitter-Spannung (Ausgangsspannung)	V
ΔU_{BE}:	Änderung der Basis-Emitter-Spannung (Eingangsspannung)	V
ΔI_C:	Änderung des Kollektorstromes	A
ΔI_B:	Änderung des Basisstromes	A
v_P:	Leistungsverstärkung	
u_{CE}:	Änderung der Kollektor-Emitter-Spannung (Ausgangsspannung)	V
u_{BE}:	Änderung der Basis-Emitter-Spannung (Eingangsspannung)	V
i_C:	Änderung des Kollektorstromes	A
i_B:	Änderung des Basisstromes	A

Benennung/Abbildung	Formel/Formelumstellung	Formelzeichen	Einheiten
Bipolare Transistoren **Emitterschaltung:** Wechselstromeingangs-widerstand 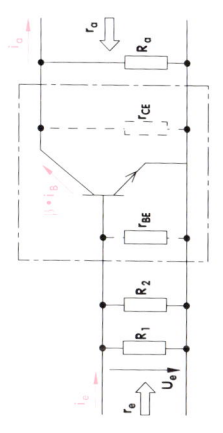	$r_e = \dfrac{u_e}{i_e}$ $u_e = r_e \cdot i_e$ $i_e = \dfrac{u_e}{r_e}$ $\dfrac{1}{r_e} = \dfrac{1}{r_{BE}} + \dfrac{1}{R_1} + \dfrac{1}{R_2}$ $r_e = \dfrac{1}{\dfrac{1}{r_{BE}} + \dfrac{1}{R_1} + \dfrac{1}{R_2}}$ $\dfrac{1}{r_{BE}} = \dfrac{1}{r_e} - \dfrac{1}{R_1} - \dfrac{1}{R_2}$ $r_{BE} = \dfrac{1}{\dfrac{1}{r_e} - \dfrac{1}{R_1} - \dfrac{1}{R_2}}$ $\dfrac{1}{R_1} = \dfrac{1}{r_e} - \dfrac{1}{r_{BE}} - \dfrac{1}{R_2}$	r_e: Wechselstrom-eingangs-widerstand u_e: Eingangs-wechselspannung i_e: Eingangs-wechselstrom r_{BE}: Basis-Emitter-Wechselstrom-widerstand R_1: Widerstand 1 R_2: Widerstand 2 r_a: Wechselstrom-ausgangs-widerstand r_{CE}: Kollektor-Emitter-Wechselstrom-widerstand R_a: Gleichstrom-ausgangs-widerstand	Ω V A Ω Ω Ω Ω Ω Ω

Fortsetzung

Benennung/Abbildung	Formel/Formelumstellung	Formelzeichen	Einheiten
Fortsetzung **Bipolare Transistoren** **Emitterschaltung:** Wechselstromeingangs- widerstand	$$R_1 = \cfrac{1}{\cfrac{1}{r_e} - \cfrac{1}{r_{BE}} - \cdot \cfrac{1}{R_2}}$$ $$\frac{1}{R_2} = \frac{1}{r_e} - \frac{1}{r_{BE}} - \frac{1}{R_1}$$ $$R_2 = \cfrac{1}{\cfrac{1}{r_e} - \cfrac{1}{r_{BE}} - \cfrac{1}{R_1}}$$	r_e: Wechselstromein- gangswiderstand u_e: Eingangswechsel- spannung i_e: Eingangs- wechselstrom r_{BE}: Basis-Emitter- Wechselstrom- widerstand R_1: Widerstand 1 R_2: Widerstand 2	Ω V A Ω Ω Ω
Bipolare Transistoren **Emitterschaltung:** Wechselstromausgangs- widerstand	$$\boxed{r_a = \frac{r_{CE} \cdot R_a}{r_{CE} + R_a}}$$ $$r_{CE} = \frac{r_a \cdot R_a}{R_a - r_a}$$ $$R_a = \frac{r_a \cdot r_{CE}}{r_{CE} - r_a}$$	r_a: Wechselstromaus- gangswiderstand r_{CE}: Kollektor- Emitter- Wechselstrom- widerstand R_a: Gleichstromaus- gangswiderstand	Ω Ω Ω

Benennung/Abbildung	Formel/Formelumstellung	Formelzeichen	Einheiten

Bipolare Transistoren

Emitterschaltung:

Verstärkung

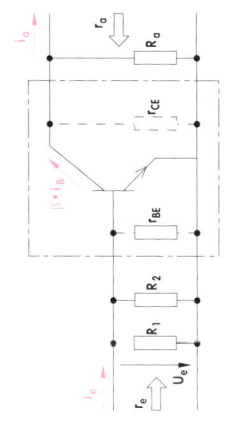

$$v_i = \frac{\beta \cdot r_{CE}}{r_{CE} + R_a}$$

$$\beta = \frac{v_i \cdot (r_{CE} + R_a)}{r_{CE}}$$

$$r_{CE} = \frac{v_i \cdot R_a}{\beta - v_i}$$

$$R_a = \frac{\beta \cdot r_{CE} - v_i \cdot r_{CE}}{v_i}$$

$$v_u = \frac{R_a \cdot v_i}{r_e} \qquad R_a = \frac{v_u \cdot r_e}{v_i}$$

$$v_i = \frac{v_u \cdot r_e}{R_a} \qquad r_e = \frac{R_a \cdot v_i}{v_u}$$

$$v_p = v_u \cdot v_i \qquad v_u = \frac{v_p}{v_i} \qquad v_i = \frac{v_p}{v_u}$$

v_i: Stromverstärkung
v_u: Spannungsverstärkung
β: Wechselstromverstärkung
r_{CE}: Kollektor-Emitter-Wechselstromwiderstand
R_a: Gleichstromausgangswiderstand
r_e: Wechselstromeingangswiderstand
v_p: Leistungsverstärkung

Ω

Ω

Ω

Benennung/Abbildung	Formel/Formelumstellung	Formelzeichen	Einheiten
Bipolare Transistoren Gegenkopplung Gegenkopplungsfaktor 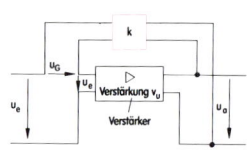 resultierende Spannungs- verstärkung resultierende Stromverstärkung	$K = \dfrac{u_G}{u_a}$ oder $K = \dfrac{U_G}{U_a}$ $u_G = K \cdot u_a$ oder $U_G = K \cdot U_a$ $u_a = \dfrac{u_G}{K}$ oder $U_a = \dfrac{U_G}{K}$ $v_u' = \dfrac{v_u}{1 + K \cdot v_u}$ $v_u = \dfrac{v_u'}{1 - v_u' \cdot K}$ $K = \dfrac{v_u - v_u'}{v_u' \cdot v_u}$ $v_i' = \dfrac{v_i}{1 + K \cdot v_i}$ $v_i = \dfrac{v_i'}{1 - v_i' \cdot K}$ $K = \dfrac{v_i - v_i'}{v_i' \cdot v_i}$	K: Gegenkopplungs- faktor u_G: Gegenkopplungs- Spannung u_a: Ausgangsspannung des Verstärkers U_G: Gegenkopplungs- spannung U_a: Ausgangsspannung des Verstärkers v_u': resultierende Spannungs- verstärkung v_u: Spannungs- verstärkung ohne Gegenkopplung v_i': resultierende Strom- verstärkung v_i: Stromverstärkung ohne Gegenkopplung	 V V V V

Benennung/Abbildung	Formel/Formelumstellung	Formelzeichen	Einheiten

Feldeffekttransistoren

Einstellung des eingangs-
seitigen Arbeitspunktes
bei Feldeffekttransistoren

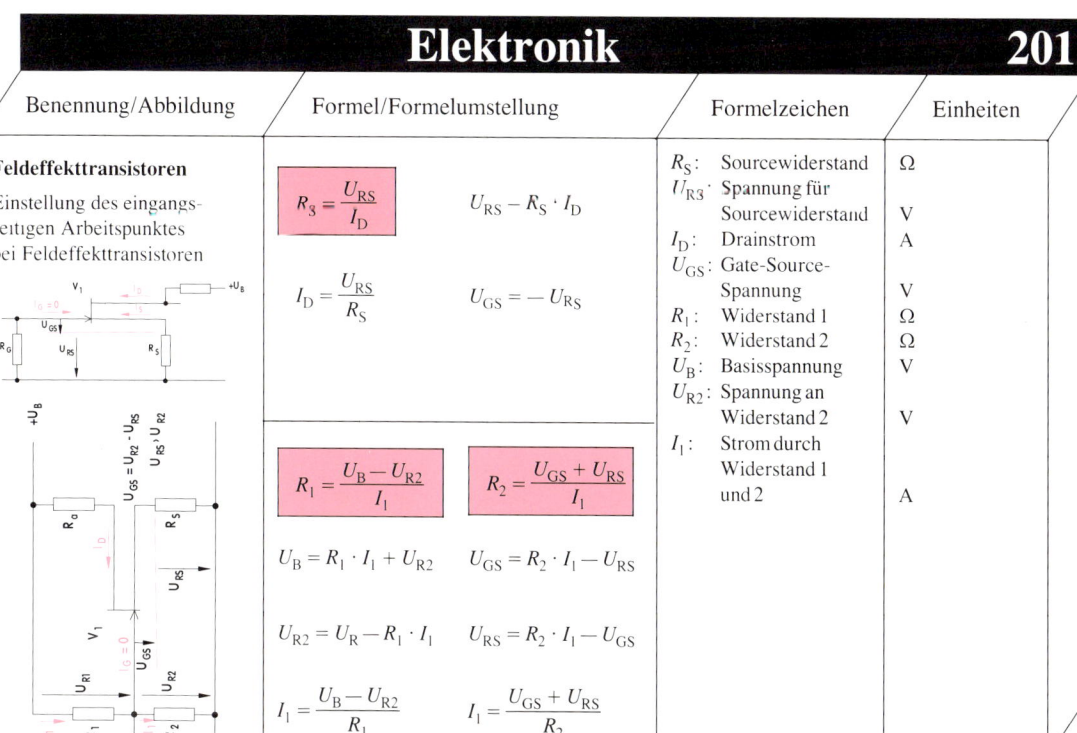

$$R_S = \frac{U_{RS}}{I_D} \qquad U_{RS} - R_S \cdot I_D$$

$$I_D = \frac{U_{RS}}{R_S} \qquad U_{GS} = -U_{RS}$$

$$R_1 = \frac{U_B - U_{R2}}{I_1} \qquad R_2 = \frac{U_{GS} + U_{RS}}{I_1}$$

$$U_B = R_1 \cdot I_1 + U_{R2} \qquad U_{GS} = R_2 \cdot I_1 - U_{RS}$$

$$U_{R2} = U_R - R_1 \cdot I_1 \qquad U_{RS} = R_2 \cdot I_1 - U_{GS}$$

$$I_1 = \frac{U_B - U_{R2}}{R_1} \qquad I_1 = \frac{U_{GS} + U_{RS}}{R_2}$$

R_S: Sourcewiderstand — Ω
U_{RS}: Spannung für Sourcewiderstand — V
I_D: Drainstrom — A
U_{GS}: Gate-Source-Spannung — V
R_1: Widerstand 1 — Ω
R_2: Widerstand 2 — Ω
U_B: Basisspannung — V
U_{R2}: Spannung an Widerstand 2 — V
I_1: Strom durch Widerstand 1 und 2 — A

Elektronik

Benennung/Abbildung	Formel/Formelumstellung	Formelzeichen	Einheiten
Feldeffekttransistoren Einstellung des eingangs- seitigen Arbeitspunktes bei Feldeffekttransistoren 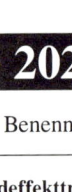	$U_{R_2} = I_1 \cdot R_2$ $\quad I_1 = \dfrac{U_{R_2}}{R_2}$ $\quad R_2 = \dfrac{U_{R_2}}{I_1}$ $R_1 = \dfrac{U_B - U_{GS}}{I_1}$ $U_B = R_1 \cdot I_1 + U_{GS}$ $U_{GS} = U_B - R_1 \cdot I_1$ $I_1 = \dfrac{U_B - U_{GS}}{R_1}$ $\dfrac{R_1}{R_2} = \dfrac{U_{R_1}}{U_{R_2}}$ $R_1 = \dfrac{U_{R_1} \cdot R_2}{U_{R_2}}$ $\qquad U_{R_1} = \dfrac{R_1 \cdot U_{R_2}}{R_2}$ $R_2 = \dfrac{R_1 \cdot U_{R_2}}{U_{R_1}}$ $\qquad U_{R_2} = \dfrac{U_{R_1} \cdot R_2}{R_1}$	U_{R_2}: Spannung an $\qquad$ Widerstand 2 I_1: $\quad$ Strom durch $\qquad$ Widerstand 1 u. 2 R_2: $\quad$ Widerstand 2 R_1: $\quad$ Widerstand 1 U_B: $\quad$ Basisspannung U_{GS}: Gate-Source- $\qquad$ Spannung U_{R_1}: Spannung an $\qquad$ Widerstand 1 U_{R_2}: Spannung an $\qquad$ Widerstand 2	V A Ω Ω V V V V

Benennung/Abbildung	Formel/Formelumstellung	Formelzeichen	Einheiten
Feldeffekttransistoren Steilheit	$S = \dfrac{\Delta I_\mathrm{D}}{\Delta U_\mathrm{GS}}$ $\Delta I_\mathrm{D} = S \cdot \Delta U_\mathrm{GS} \qquad \Delta U_\mathrm{GS} = \dfrac{\Delta I_\mathrm{D}}{S}$	S: Steilheit ΔI_D: Drainstrom-änderung ΔU_GS: Gate-Source-Spannungs-änderung	$\dfrac{\mathrm{A}}{\mathrm{V}}$ A V
Feldeffekttransistoren Spannungssteilheit	$S_\mathrm{u} = \dfrac{\Delta U}{\Delta t}$ $\Delta U = S_\mathrm{u} \cdot \Delta t$ $\Delta t = \dfrac{\Delta U}{S_\mathrm{u}}$	S_u: Spannungs-steilheit ΔU: Spannungs-änderung Δt: Zeitänderung	$\dfrac{\mathrm{V}}{\mathrm{s}}$ $\dfrac{\mathrm{V}}{}$ s
Feldeffekttransistoren Stromsteilheit	$S_\mathrm{I} = \dfrac{\Delta I}{\Delta t}$ $\Delta I = S_\mathrm{I} \cdot \Delta t$ $\Delta t = \dfrac{\Delta I}{S_\mathrm{I}}$	S_I: Stromsteilheit ΔI: Stromänderung Δt: Zeitänderung	$\dfrac{\mathrm{A}}{\mathrm{s}}$ A s

Elektronik

Benennung/Abbildung	Formel/Formelumstellung	Formelzeichen	Einheiten
Operationsverstärker Spannungsverstärkung 	$v_u = -\dfrac{R_2}{R_1}$ $R_2 = -v_u \cdot R_1 \qquad R_1 = -\dfrac{R_2}{v_u}$ $v_u = \dfrac{u_0}{u_1}$ $u_0 = v_u \cdot u_1 \qquad u_1 = \dfrac{u_0}{v_u}$ $v_u = 1 + \dfrac{R_2}{R_1}$ $R_2 = (v_u - 1) \cdot R_1 \qquad R_1 = \dfrac{R_2}{v_u - 1}$	v_u: Spannungs-verstärkung R_1: Widerstand 1 R_2: Widerstand 2 u_0: Ausgangsspannung u_1: Eingangsspannung	 Ω Ω V V

Benennung/Abbildung	Formel/Formelumstellung	Formelzeichen	Einheiten

Operationsverstärker

Ausgangsspannung

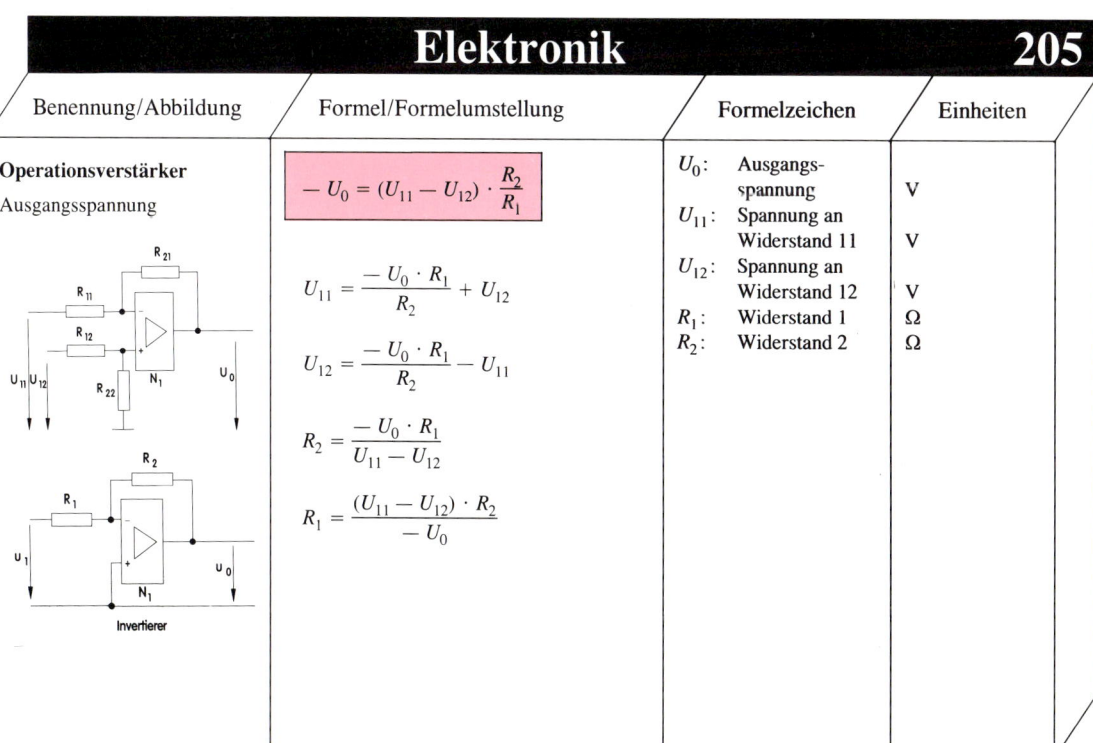

Invertierer

$$- U_0 = (U_{11} - U_{12}) \cdot \frac{R_2}{R_1}$$

$$U_{11} = \frac{- U_0 \cdot R_1}{R_2} + U_{12}$$

$$U_{12} = \frac{- U_0 \cdot R_1}{R_2} - U_{11}$$

$$R_2 = \frac{- U_0 \cdot R_1}{U_{11} - U_{12}}$$

$$R_1 = \frac{(U_{11} - U_{12}) \cdot R_2}{- U_0}$$

U_0: Ausgangs- spannung — V

U_{11}: Spannung an Widerstand 11 — V

U_{12}: Spannung an Widerstand 12 — V

R_1: Widerstand 1 — Ω

R_2: Widerstand 2 — Ω

Benennung/Abbildung	Formel/Formelumstellung	Formelzeichen	Einheiten

Operationsverstärker
Ausgangsspannung
 	
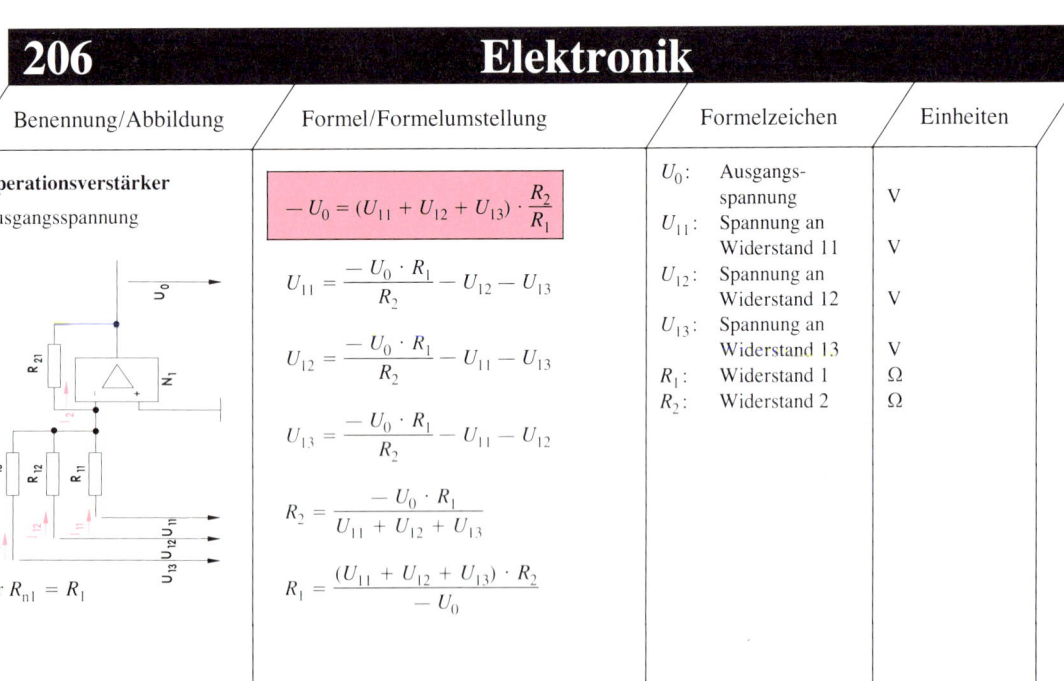
 	
für $R_{n1} = R_1$
	$-U_0 = (U_{11} + U_{12} + U_{13}) \cdot \dfrac{R_2}{R_1}$
	
	$U_{11} = \dfrac{-U_0 \cdot R_1}{R_2} - U_{12} - U_{13}$
	
	$U_{12} = \dfrac{-U_0 \cdot R_1}{R_2} - U_{11} - U_{13}$
	
	$U_{13} = \dfrac{-U_0 \cdot R_1}{R_2} - U_{11} - U_{12}$
	
	$R_2 = \dfrac{-U_0 \cdot R_1}{U_{11} + U_{12} + U_{13}}$
	
	$R_1 = \dfrac{(U_{11} + U_{12} + U_{13}) \cdot R_2}{-U_0}$
		U_0: Ausgangs-
		    spannung
		U_{11}: Spannung an
		    Widerstand 11
		U_{12}: Spannung an
		    Widerstand 12
		U_{13}: Spannung an
		    Widerstand 13
		R_1: Widerstand 1
		R_2: Widerstand 2
			V
			
			V
			
			V
			
			V
			
			Ω
			Ω

Benennung/Abbildung	Formel/Formelumstellung	Formelzeichen	Einheiten
Wärmeableitung Wärmewiderstände Temperaturveränderung in Kelvin	$$R_{thJA} = \frac{\delta_J - \delta_A}{P_V}$$ $$\delta_J = R_{thJA} \cdot P_V + \delta_A$$ $$\delta_A = \delta_J - R_{thJA} \cdot P_V$$ $$P_V = \frac{\delta_J - \delta_A}{R_{thJA}}$$ $$R_{thJA} = R_{thJC} + R_{thCK} + R_{thKA}$$ $$R_{thJC} = R_{thJA} - R_{thCK} - R_{thKA}$$ $$R_{thCK} = R_{thJA} - R_{thJC} - R_{thKA}$$ $$R_{thKA} = R_{thJA} - R_{thJC} - R_{thCK}$$	R_{thJA}: Sperrschicht-Umgebung δ_J: Sperrschichttemperatur δ_A: Umgebungstemperatur P_V: Verlustleistung R_{thJC}: Sperrschicht-Gehäuse R_{thCK}: Gehäuse-Kühlkörper R_{thKA}: Kühlkörper-Umgebung	Ω $^\circ$C $^\circ$C W Ω Ω Ω

Teil II

Tabellen und Schaltzeichen

als Ergänzung zur Formelsammlung für Elektroberufe

Dähmlow Verlag

Technische Werte wichtiger Werkstoffe bei 20 °C

Werkstoffname	Temperaturbeiwert (α) in 1/K	Ausdehnungszahl (α) in 1/K	Dichte (ϱ) in $\dfrac{kg}{dm^3}$	spezifischer Widerstand (ϱ) in $\dfrac{\Omega \cdot mm^2}{m}$	Leitfähigkeit $(\varkappa)$ in $\dfrac{S \cdot m}{mm^2}$
Aluminium	0,0038	0,0000238	2,7	0,0303	33
Blei	0,004	0,000028	11,3	0,21	4,75
Chrom		0,0000085	7,1	0,15	6,7
Eisen	0,005	0,0000125	7,25	1,0	1,0
Gold	0,004	0,0000142	19,3	0,023	41,7
Konstantan	− 0,00001	− 0,000152	8,8	0,5	2
Kupfer	0,0039	0,0000165	8,9	0,01785	56
Manganin	0,00001	0,0000175	8,4	0,43	2,33
Magnesium		0,0000025	1,74	0,0465	21,5
Messing	0,004	0,0000184	8,5	0,07	1,43
Neusilber	0,0003	0,0000184	8,5	0,4	2,5
Nickel	0,005	0,000013	8,9	0,07	14,3
Nickelin	0,00023	0,000018	8,8	0,3	3,3
Platin	0,004	0,0000089	21,45	0,11	9,1
Quecksilber	0,0009	0,000182	13,55	0,96	1,04
Silber	0,0036	0,0000195	10,5	0,0165	60,6
Stahl	0,0045	0,0000145	7,85	0,17	5,9
Tantal	0,003	0,0000066	16,6	0,16	6,25
Wismut	0,004	0,0000135	9,8	1,2	0,83
Wolfram	0,0048	0,0000045	19,3	0,0550	18,8
Zink	0,0042	0,000029	7,1	0,0625	16
Zinn	0,0046	0,0000235	7,28	0,12	8,3
Kohle	− 0,0005	− 0,000006	2,1	100	0,01

Elektrochemisches Äquivalent c und Wertigkeit

Grundstoff	c mg/As	Wertigkeit	Erläuterung
Cadmium	0,581	2	**elektrochemisches Äquivalent:**
Chrom	0,178	3	
Chrom	0,0899	6	Masse des Grundstoffes, die von 1 As ausgeschieden wird.
Eisen	0,289	2	
Gold	0,681	3	
Kupfer	0,328	2	
Mangan	0,285	2	**Wertigkeit:**
Nickel	0,304	2	
Nickel	0,203	3	Anzahl der Atome, mit denen sich ein Atom verbinden kann.
Platin	0,506	4	
Sauerstoff	0,0805	2	
Silber	1,118	1	
Wasserstoff	0,0103	1	**Beispiel:**
Wolfram	0,953	2	
Zink	0,333	2	Sauerstoff 1 kann sich verbinden mit Wasserstoff 2 zu einem
Zinn	0,309	4	Wassermolekül H_2O.

Kunststoffe

nicht härtbare Kunststoffe	härtbare Kunststoffe
Polyvinylchlorid (Vinnol, Vinidur, Trovidur, Mipolam, Vistolit, Viniflex, Luvithermfolien, Vinifol).	**Phenolharz** (Resopal).
Polystyrol (Trolithul, Styroflex, Styropor).	**Melaminharz**
Polyäthylen (Lupolen, Hostalen, Supralen, Trolen, Vestolen).	**Polyesterharz** (Leguval, Palatal).
Acrylglas (Pexiglas, Resartglas, Plexigum, Resarit).	**Athoxylinharz** (Araldit, Epoxin, Lekuterm, Metallon). **Klebeharz**
Polyamide (Perlon, Nylon, Ultramid).	**Preßmassen** (aus Phenol: Bakelit, Trolitan, Eshalit, Resiform, Tenacit; aus Harnstoff: Corbalit, Pollapas, Uresin; aus Melamin: Resipas, Ultrapas).
Silikone (Silikonöl, -harz, -Kautschuk).	**Schichtpreßstoff** (aus Hartpapier: Formica, Getalit, Pertinax, Resopal, Torlitax; aus Hartgewebe: Durcoton, Ferrozell, Linax, Novotext, Resitex).

Isolierstoffe

natürliche	organische	anorganische
Asbest	Isolierfette	Glas
Glimmer	Isolierlacke	synthetischer Glimmer
Holz	Isolieröle	rutilhaltige Isolierstoffe
Luft	Kunstgummi	Keramik (Porzellan, Steatit)
Marmor	Kunstwachse	Korund
Schiefer	Tränkmasse	Mikanit
Naturharze	Vergußmassen	Steinzeug
Naturgummi		
Faserstoffe		

Isolierstoffe   Durchschlagsfestigkeit E_d, Dielektrizitätszahl ϵ_r, Temperaturgrenze δ_g, dielektr. Verlustfaktor $\tan\delta$

Isolierstoff	E_d kV/mm	Dielektrizitätszahl ϵ_r			δ_g °C	Verlustfaktor $\tan\delta$		
		50 Hz	1 kHz	1 MHz		50 Hz	1 kHz	1 MHz
Bakelit	12,0	5,00	6,00	8,00	150	0,005	0,010	0,020
Bernstein	70,0	2,80	2,80	2,80	250	0,001	0,002	0,005
Glas	50,0	8,00	10,0	16,0	150	0,005	0,005	0,008
Glimmer	150	6,00	8,00	8,00	800	0,0005	0,0003	0,0002
Gummi	50	2,60	2,60	2,60	60,0	0,005	0,010	0,070
Hartpapier	30	5,00	5,00	5,00	120	0,080	0,080	0,080
trockene Luft	2,40	1,00	1,00	1,00				
feuchte Luft	1,50	1,00	1,00	1,00				
Marmor	1,40	8,50	8,50	8,50	300			
Papier	60,0	5,40	5,40	2,90	100	0,004	0,004	0,004
Pertinax	20,0	5,00	5,00	5,00	100	0,060	0,080	0,090
Plexiglas	30,0	3,70	3,20	2,60	130	0,060	0,040	0,020
Polyäthylen	50,0	2,30	2,30	2,30	80,0	0,0002	0,0002	0,0002
Poystyrol	55,0	2,50	2,50	2,50	40,0	0,0002	0,0002	0,0003
Polyvinylchlorid	100	3,30	3,10	2,90	70,0	0,013	0,020	0,018
Porzellan	30,0	5,50	5,50	6,00	75,0	0,015	0,015	0,013
Preßspan	11,0	4,00	4,00	4,00	80,0	0,030	0,030	0,055
Quarz	180,0	2,00	2,00	3,00	1000	0,0001	0,0001	0,0001
Quarzglas	40,0	4,20	4,20	4,00	1000	0,0005	0,0005	0,0005
Stealit	30,0	6,50	6,00	6,00	500	0,003	0,0025	0,002
Transformatoröl	20,0	2,50	2,50	2,50	80,0	0,0001	0,0001	0,0002
Trolitul	55,0	2,30	2,30	2,30	70,0	0,0001	0,0001	0,0002
Zellophan	40,0	4,00	4,00	4,00	80,0	0,300	0,300	0,300
Zelluloid	40,0	3,00	3,00	3,00	40,0	0,040	0,040	0,050

Farbcode Widerstände

Farbe	1. und 2. Ring	3. Ring	4. Ring
Bedeutung	1. und 2. Ziffer	Zahl der Nullen	Toleranz in %
Schwarz	0	0	
Braun	1	1	± 1 %
Rot	2	2	± 2 %
Orange	3	3	
Gelb	4	4	
Grün	5	5	± 0,5 %
Blau	6	6	± 0,25 %
Lila	7	7	± 0,1 %
Grau	8	8	
Weiß	9	9	
Gold			± 5 %
Silber			± 10 %
Ohne Farbe			± 20 %

Beispiel:
Farbringfolge Rot — Grün — Rot — Silber bedeutet
2500 Ohm Widerstand mit 10 % Toleranz.
Der Widerstand kann einen Wert
zwischen 2250 … 2750 Ohm aufweisen.

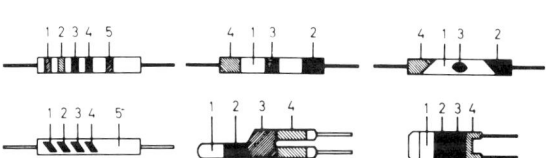

Bezeichnung für Keramikkondensatoren

Code	Toleranz bei Kondensatoren		Code	Nennspannung in Volt (V)
	unter 10 pF in pF	über 10 pF in %		
B	± 0,1		a	50 V —
C	± 0,25		b	125 V —
D	± 0,5		c	160 V —
F	± 1	± 1	d	250 V —
G	± 2	± 2	e	350 V —
H		± 2,5	f	500 V —
I		± 5	g	700 V —
K		± 10	h	1000 V —
M		± 30	u	250 V ~
P		+ 100 −0	v	350 V ~
R		+ 30 − 20	w	500 V ~
S		+ 50 − 20	keine	500 V ~
Z		+ 100 − 20		

Kapazitätsangabe in Zahlen aufgedruckt. Folgt nach der Zifferngruppe keine Maßeinheit, dann Kapazität in Picofarad, folgt der Buchstabe n dann Kapazität in Nanofarad. Großbuchstabe gibt bei Werten unter 10 pF die Toleranz in pF und Werten über 10 pF in % an. Der Kleinbuchstabe gibt die Nennspannung in Volt an.

Farbcode für Kondensatoren (ohne Keramikkondensatoren)

Farbe	1. und 2. Ring	3. Ring	4. Ring	5. Ring
Bedeutung	1. und 2. Ziffer	Zahl der Nullen	Toleranz in %	Betriebsspannung in V
Schwarz	0	0		
Braun	1	1	1 %	100 V
Rot	2	2	2 %	200 V
Orange	3	3	3 %	300 V
Gelb	4	4	4 %	400 V
Grün	5	5	5 %	500 V
Blau	6	6	6 %	600 V
Violett	7	7	7 %	700 V
Grau	8	8	8 %	800 V
Weiß	9	9	9 %	900 V
Gold			5 %	1000 V
Silber			10 %	2000 V
Ohne Farbe			20 %	500 V

Beispiel: Farbringfolge Gelb—Grün—Rot—Braun—Braun
bedeutet 4500 pF Kapazität mit 1 % Toleranz
und 100 V Betriebsspannung.

Die Kapazität kann einen Wert
zwischen 4455 pF ... 4545 pF aufweisen.

Farbringsfolge Rot—Grün—Orange
bedeutet 25 000 pF Kapazität mit 20 % Toleranz
und 500 V Betriebsspannung.

Die Kapazität kann einen Wert
zwischen 20 000 pF ... 30 000 pF aufweisen.

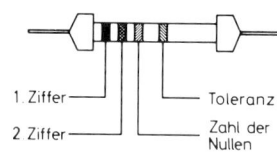

1. Ziffer

2. Ziffer

Toleranz

Zahl der
Nullen

Spannungsreihe der Elemente

Grundstoffe	φ in V	Beispiele	
Chlor	+ 1,40		
Gold	+ 1,38		
Braunstein	+ 0,90	**Spannung**	
Platin	+ 0,86	zwischen	
Quecksilber	+ 0,80	Chlor	
Kohle	+ 0,74	und Wasserstoff	**Spannung**
Sauerstoff	+ 0,40		zwischen
Kupfer	+ 0,34	**1,40 V**	Chlor
Wismut	+ 0,23		und
Wasserstoff	0		Aluminium
Blei	— 0,13		
Zinn	— 0,14	**Spannung**	**3,07 V**
Nickel	— 0,23	zwischen	
Kobalt	— 0,29	Wasserstoff	
Kadmium	— 0,40	und Aluminium	
Eisen	— 0,44		
Chrom	— 0,56	**1,67 V**	
Zink	— 0,76		
Aluminium	— 1,67		

Thermoelemente

Thermopaar	mittl. Spannungs-abgabe mV/°C	Spannungsabgabe bei							Farbe
		100 °C mV	500 °C mV	1000 °C mV	Dauerbelastung		Höchstbelastung		
					δ_{max} °C	$U_{o\,th}$ mV	δ_{max} °C	$U_{o\,th}$ mV	
Fe-Konst.	0,056	5,37	27,40		600	33,86	900	53,15	blau
Cu-Konst.	0,050	4,25	27,84		400	20,99	600	34,30	braun
NiCr-Ni	0,041	4,04	20,64	41,32	900	37,32	1200	49,02	grün
PtRh-Pt	0,008	0,64	4,22	9,60	1300	13,17	1600	16,76	weiß

Erstgenannter Schenkel:
Pluspol, zusätzlich rote Kennzeichnung.

Thermoelektrische Spannungsreihe

Metall	$U_{o\,th}$ = Potential in mV	Metall	$U_{o\,th}$ = Potential in mV	Metall	$U_{o\,th}$ = Potential in mV
Tellur	+ 50,00	Wolfram	+ 0,80	Zinn	+ 0,40
Silizium	+ 45,00	Kupfer	+ 0,75	Kohle	+ 0,30
Antimon	+ 4,70	Gold	+ 0,70	Graphit	+ 0,20
Chromnickel	+ 2,20	Silber	+ 0,70	Platin	0
Eisen	+ 1,80	Zink	+ 0,70	Paladium	− 0,30
Messing	+ 1,10	Manganin	+ 0,60	Nickel	− 1,60
Kadmium	+ 0,90	Tantal	+ 0,50	Kobalt	− 1,70
Stahl	+ 0,80	Blei	+ 0,45	Konstantan	− 3,50
		Aluminium	+ 0,40	Wismut	− 7,70
		Magnesium	+ 0,40		

Die Thermo-Quellenspannung $U_{o\,th}$ gibt den Spannungswert für 100 °C Temperaturunterschied gegen die kalte Lötstelle von 0 °C bei Platin als Gegenpol an.

Einheit = mV.

Beispiel: Plusschenkel = Fe, Minusschenkel = Pt.

$\Delta\delta = 100\,°C$ $U_{o\,th} = + 1,8\,mV$.

Abmessungen isolierter Kupferrunddrähte

Durchmesser mm	Querschnitt mm^2	Gewicht je 100 m g	Außendurchmesser mm	Windungen je cm^2 Wickelfläche	Füllfaktor v.H.
0,10	0,0079	7,0	0,115	6000	47
0,12	0,0113	10,1	0,135	3250	50
0,14	0,0154	13,7	0,16	4400	50
0,15	0,0177	15,7	0,17	2900	50
0,16	0,0201	17,9	0,18	2500	50
0,18	0,0255	22,6	0,20	2000	51
0,20	0,0314	27,9	0,22	1650	52
0,22	0,038	33,8	0,245	1400	53
0,25	0,0491	43,6	0,275	1100	54
0,28	0,0616	54,8	0,305	870	54
0,30	0,0707	62,9	0,325	770	54
0,35	0,0962	85,6	0,38	580	56
0,40	0,1257	112	0,43	450	57
0,45	0,159	142	0,485	370	59
0,50	0,1964	175	0,535	300	59
0,55	0,2376	211	0,59	250	59
0,60	0,2827	252	0,64	210	59
0,65	0,3318	295	0,69	180	60
0,70	0,3849	343	0,74	160	62
0,75	0,4418	393	0,80	140	62
0,80	0,5026	446	0,84	120	62
0,90	0,6361	567	0,94	95	64
1,00	0,785	710	1,04	75	65

Übertragerabmessungen

Benennung	Breite a mm	Höhe b mm	Kern c mm	Wickelfläche			mittl. Windungs-umfang Um (m)	S = Schein-leistung in VA
				bw mm	hw mm	Aw cm^2		
M 20	20	20	5	10,0	2,5	0,25	0,036	
M 30	30	30	7	16,5	4,5	0,745	0,05	
M 42	42	42	12	26,0	7,0	1,82	0,089	4
M 55	55	55	17	33,5	8,5	2,50	0,116	12
M 65	65	65	20	38,0	10,0	3,80	0,138	25
M 74	74	74	23	44,0	12,0	5,28	0,162	50
M 85	85	85	29	49,0	12,5	6,12	0,171	70
M 102	102	102	34	61,0	13,5	8,15	0,198	120

Verlegearten von Kabeln und Leitungen*

A

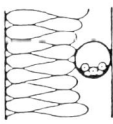

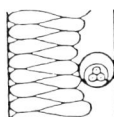

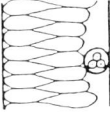

Verlegung in Wänden, Decken und Fußböden mit wärmedämmenden Materialien

- **Aderleitungen**

  — im Elektroinstallationsrohr in der Wand, Decke oder Fußboden

  — im Elektroinstallationsrohr im geschlossenen Kanal im Fußboden **ohne** wärmedämmende Materialien;

  — im Elektroinstallationskanal im Fußboden mit oder ohne wärmedämmenden Materialien;

- **mehradrige Leitungen** im Elektroinstallationsrohr in der Wand, Decke oder Fußboden;

- **mehradrige Leitung** im Elektroinstallationskanal im Fußboden, mit oder ohne wärmedämmenden Materialien;

- **einadrige Mantelleitung** im Elektroinstallationskanal im Fußboden, mit und ohne wärmedämmenden Materialien;

- **mehradrige Leitung** in der Wand oder Decke.

* Die Verlegearten entsprechen DIN VDE 0298 Teil 4/02.88, Tabellen 3 und 4. Gegenüber der dort veröffentlichten Form wurden der größeren Übersichtlichkeit halber die in den Fußnoten aufgeführten Verlegearten den bildlichen Darstellungen direkt zugeordnet. Nicht in DIN VDE 0298 Teil 4/02.88 ausdrücklich genannte Verlegearten in Decken und Fußböden wurden entsprechend zugeordnet.

Teil II

Verlegearten von Kabeln und Leitungen

B1	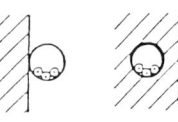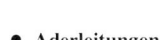	**Verlegung auf oder in der Wand, Decke oder unter Putz in Elektroinstallationsrohren oder -kanälen** ● **Aderleitungen** — im Elektroinstallationsrohr oder -kanal auf der Wand oder der Decke; — im Elektroinstallationsrohr im **belüfteten** Fußbodenkanal; — im Elektroinstallationsrohr in der Wand, der Decke oder des Fußbodens aus Mauerwerk oder Beton; ● **einadrige Mantelleitung** und **mehradrige Leitung** im Elektroinstallationsrohr in der Wand, der Decke oder dem Fußboden aus Mauerwerk oder Beton.
B2	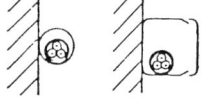	**Verlegung auf der Wand, der Decke oder auf dem Fußboden in Elektroinstallationsrohren oder -kanälen** ● **mehradrige Leitung** im Elektroinstallationsrohr oder im geschlossenen Elektroinstallationskanal auf der Wand, der Decke oder im Fußboden.

Verlegearten von Kabeln und Leitungen

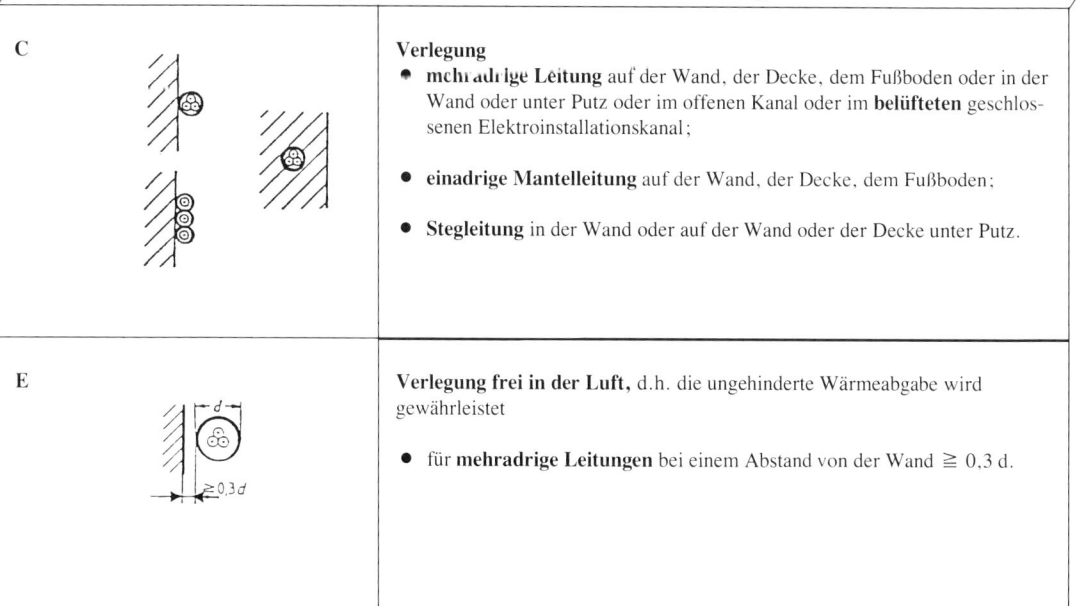

C

Verlegung

- **mehradrige Leitung** auf der Wand, der Decke, dem Fußboden oder in der Wand oder unter Putz oder im offenen Kanal oder im **belüfteten** geschlossenen Elektroinstallationskanal;

- **einadrige Mantelleitung** auf der Wand, der Decke, dem Fußboden;

- **Stegleitung** in der Wand oder auf der Wand oder der Decke unter Putz.

E

Verlegung frei in der Luft, d.h. die ungehinderte Wärmeabgabe wird gewährleistet

- für **mehradrige Leitungen** bei einem Abstand von der Wand ≧ 0,3 d.

Zuordnung von Überstrom-Schutzeinrichtungen

Zuordnung von Leitungsschutzsicherungen gL nach DIN VDE 0636 und Leitungsschutzschaltern nach DIN VDE 0641, die der Bedingung $l_2 \leqq 1{,}45 \cdot l_2$ entsprechen.

Gilt für Dauerbetrieb bei Umgebungstemperatur 25 °C.

Kabel- und Leitungsbauart mit PVC-Isolierung*	Bauart-Kurzzeichen ** NYY, NYCWY, NYKY, NYM, NYBUY, NHYRUZY, NYIF, NYIFY, HO7V-U, HO7V-R, HO7V-K, NYMT, NYMZ									
Verlegeart (siehe Tabelle 2)	Gruppe A		Gruppe B1		Gruppe B2		Gruppe C		Gruppe E	
Anzahl der belasteten Adern	2	3	2	3	2	3	2	3	2	3
Nennquerschnitt mm² Cu	Nennstrom der Schutzeinrichtung in A									
1,5	16	10	16	16	16	10	16	16	20	20
2,5	20	16	25	20	20	20	25	25	25	25
4	25	25	25	25	25	25	35	35	35	35
6	35	25	40	35	35	35	40	40	50	40
10	40	40	50	50	50	50	63	63	63	63
16	63	50	80	63	63	63	80	80	80	80

Fortsetzung

Zuordnung von Überstrom-Schutzeinrichtungen

	Gruppe A		Gruppe B1		Gruppe B2		Gruppe C		Gruppe E	
Anzahl der belasteten Adern	2	3	2	3	2	3	2	3	2	3
Fortsetzung Nennquerschnitt mm^2 Cu	Nennstrom der Schutzeinrichtung in A									
25		63		80		80		100		100
35		80		100		100		125		125
50		100		125		125		160		160
70		125		160		160		200		200

Anmerkung 1:
Es wird vorausgesetzt, daß in den jeweiligen Stromkreisen kleine Überlastungen ($l_b > l_2$) von langer Dauer auftreten.

Anmerkung 2: Die Zuordnungen nach Gruppe C können zur Vereinfachung auch bei Verlegung im Erdreich, soweit sie im Zusammenhang mit Elektro-Installationen von Wohngebäuden und Gebäuden mit vergleichbaren Anforderungen stehen, angewendet werden, wenn eine Ermittlung der zulässigen Belastbarkeitswerte für Kabel im Erdreich nach DIN VDE 0298 Teil 2/11.79 nicht vorgenommen werden soll.

* Für flexible Leitungen nach DIN VDE 0298 Teil 3/08.83 mit den Isolierstoffen PVC oder Gummi bei fester Verlegung/Anschluß kann die Tabelle auch angewendet werden.

** Auflistung der Bauart-Kurzzeichen der Kabel und Leitungen mit Angaben über ihre Verwendung siehe DIN VDE 0298 Teil 1/11.82 und Teil 3/08.83.

Potentialausgleichs- und Erdungsleiter in Antennenanlagen

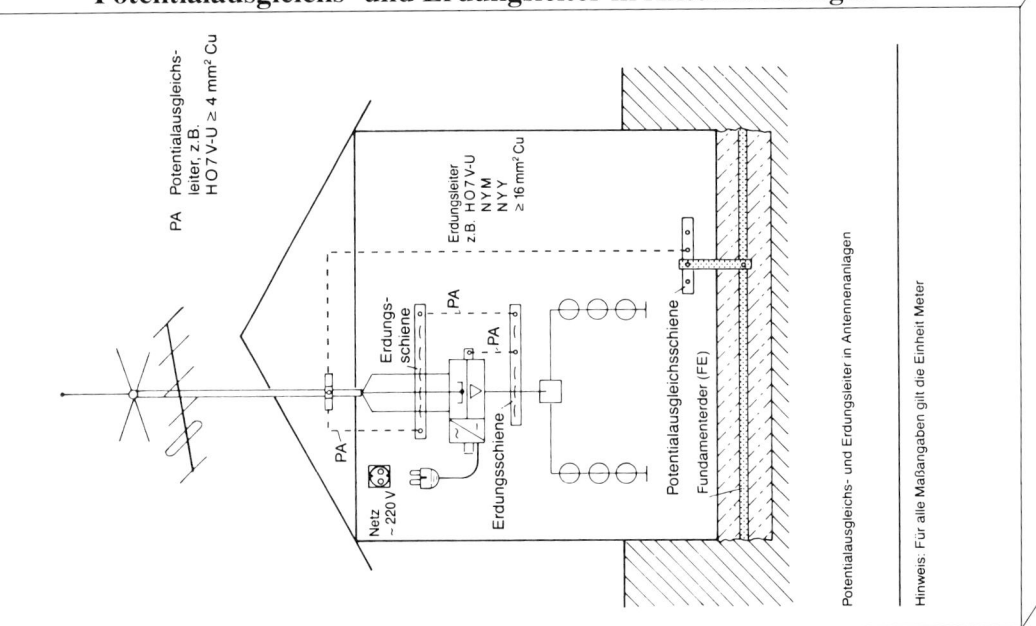

Potentialausgleichs- und Erdungsleiter in Antennenanlagen

Hinweis: Für alle Maßangaben gilt die Einheit Meter

Querschnitte für Potentialausgleichsleiter

	Hauptpotentialausgleich	Zusätzlicher Potentialausgleich	
normal	0,5 x Querschnitt des Hauptschutzleiters *)	zwischen zwei Körpern	1 x Querschnitt des kleineren Schutzleiters
		zwischen einem Körper und einem fremden leitfähigen Teil	0,5 x Querschnitt des Schutzleiters
mindestens	6 mm² Cu oder gleichwertiger Leiterwert **)	bei mechanischem Schutz	2,5 mm² Cu 4 mm² Al
		ohne mechanischen Schutz	4 mm² Cu
mögliche Begrenzung	25 mm² Cu oder gleichwertiger Leitwert **)	—	—

*) Hauptschutzleiter im Sinne dieser Festlegung ist der
   — von der Stromquelle kommende oder
   — vom Hausanschlußkasten oder dem Hauptverteiler abgehende Schutzleiter

**) Ungeschützte Verlegung von Leitern aus Aluminium ist nicht zulässig.

Zuordnung der Mindestquerschnitte von Schutzleitern zum Querschnitt der Außenleiter

Nennquerschnitte					
Außenleiter mm²	Schutzleiter oder PEN-Leiter *)		Schutzleiter ***) getrennt verlegt		
	Isolierte Stark-stromleitungen mm²	0,6/1-kV-Kabel mit 4 Leitern mm²	geschützt		ungeschützt **)
			mm² Cu	mm² Al	mm² Cu
bis 0,5	0,5	—	2,5	4	4
0,75	0,75	—	2,5	4	4
1	1	—	2,5	4	4
1,5	1,5	1,5	2,5	4	4
2,5	2,5	2,5	2,5	4	4
4	4	4	4	4	4
6	6	6	6	6	6
10	10	10	10	10	10
16	16	16	16	16	16
25	16	16	16	16	16
35	16	16	16	16	16
50	25	25	25	25	25
70	35	35	35	35	35
95	50	50	50	50	50
120	70	70	50	50	50
150	70	70	50	50	50
185	95	95	50	50	50
240	—	120	50	50	50
300	—	150	50	50	50
400	—	180	50	50	50

*) PEN-Leiter > 10 mm² Cu oder $\geq$ 16 mm² Al, nach Abschn. 8.2.1

**) Ungeschütztes Verlegen von Leitern aus Aluminium ist nicht zulässig.

***) Ab einem Querschnitt des Außenleiters von $\geq$ 95 mm² vorzugsweise blanke Leitungen anwenden.

Netzformen und Schutzeinrichtungen

Netzform	TN-Netz	TT-Netz	IT-Netz
Schutz-einrichtung	Schaltung		
Überstrom-Schutz-einrichtung	TN-S-Netz: getrennte Neutralleiter und Schutzleiter im gesamten Netz		

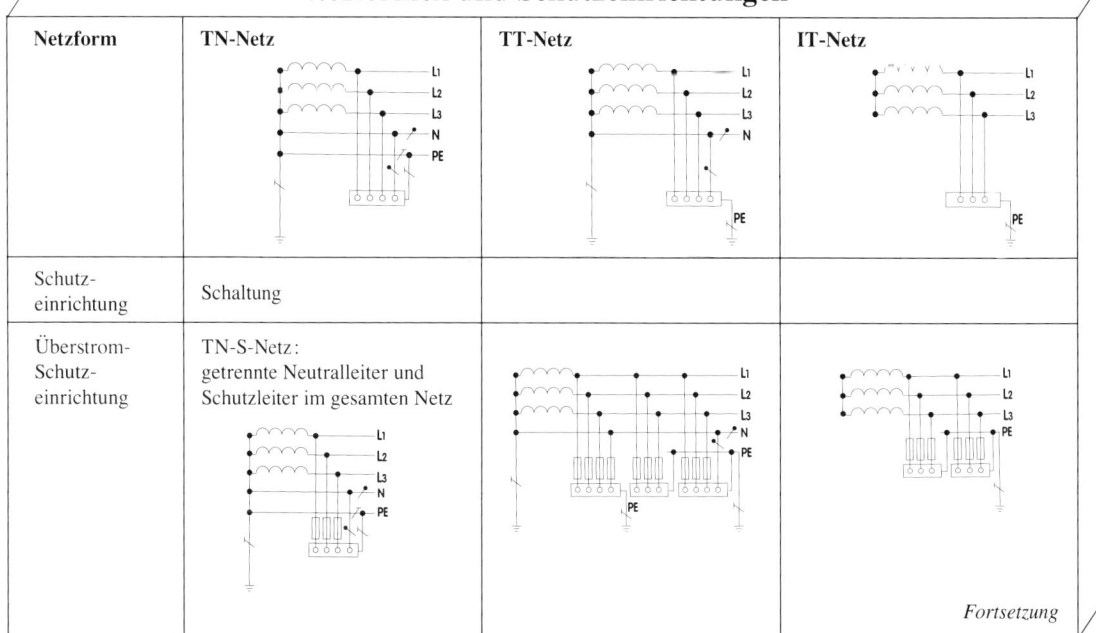

Fortsetzung

Netzformen und Schutzeinrichtungen

TN-C-Netz:
Neutralleiter- und Schutzleiter-
funktionen im gesamten Netz in
einem einzigen Leiter, dem
PEN-Leiter, zusammengefaßt

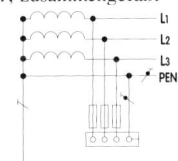

TN-C-S-Netz:
Neutralleiter- und Schutzleiter-
funktionen in einem Teil des
Netzes in einem einzigen Leiter,
dem PEN-Leiter, zusammen-
gefaßt

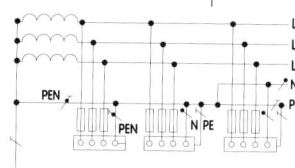

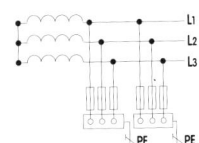

Netzformen und Schutzeinrichtungen

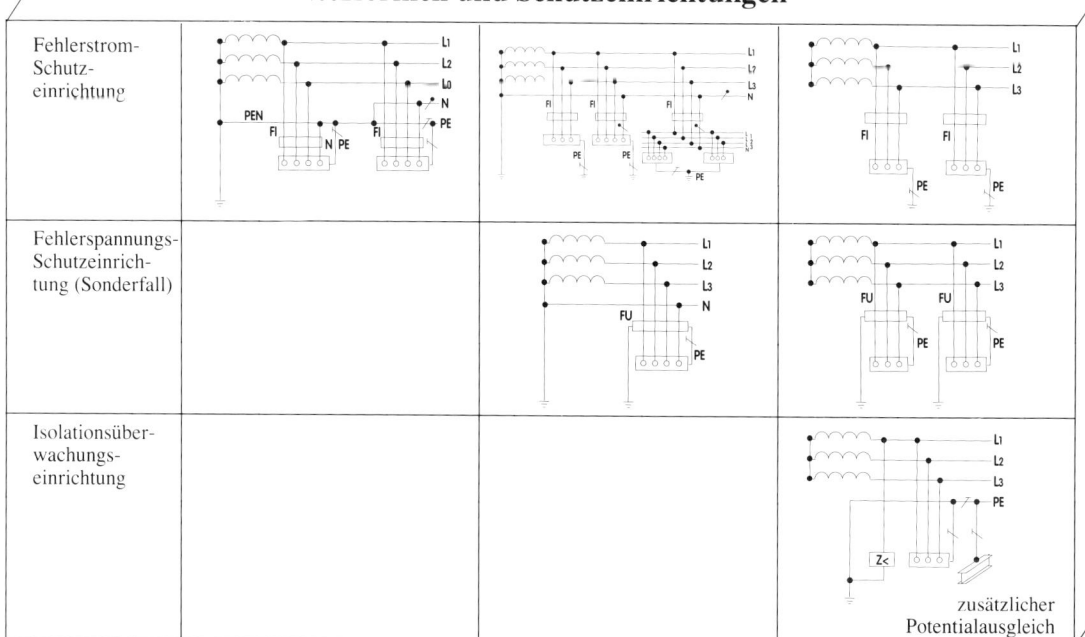

Fehlerstrom-Schutz-einrichtung			
Fehlerspannungs-Schutzeinrich-tung (Sonderfall)			
Isolationsüber-wachungs-einrichtung			zusätzlicher Potentialausgleich

Teil II

Leistungsfaktor und Leistung bei Wechselstrom
(Wirk-, Blind- und Scheinleistung)

$\cos \varphi$	Scheinleistung in % der Wirkleistung	Blindleistung in % der Wirkleistung	Wirkleistung in % der Scheinleistung	Blindleistung in % der Scheinleistung	$\sin \varphi$
1,0	100	0	100	0	0
0,99	101	14,5	99	14	0,14
0,98	102	20,5	98	20	0,20
0,97	103	25	97	24	0,24
0,96	104	29,5	96	28	0,28
0,95	105,5	33	95	31	0,31
0,94	106,5	36,5	94	34	0,34
0,93	108	39,5	93	37	0,37
0,92	109	42,5	92	39	0,39
0,91	110	45,5	91	41,5	0,415
0,90	111	48,5	90	43,5	0,435
0,89	112,5	51,5	89	45,5	0,455
0,88	114	54	88	47,5	0,475
0,86	116,5	59,5	86	51	0,51
0,85	118	62	85	53	0,53
0,84	119	64,5	84	54	0,54
0,83	120,5	67	83	55,5	0,555
0,82	122	69,5	82	57	0,57
0,81	123,5	72	81	58,5	0,585
0,80	125	75	80	60	0,60

Fortsetzung

Leistungsfaktor und Leistung bei Wechselstrom
(Wirk-, Blind- und Scheinleistung)

$\cos \varphi$	Scheinleistung in % der Wirkleistung	Blindleistung in % der Wirkleistung	Wirkleistung in % der Scheinleistung	Blindleistung in % der Scheinleistung	$\sin \varphi$
Fortsetzung					
0,78	128,5	80	78	62,5	0,625
0,76	132	85,5	76	65	0,65
0,75	133,5	88	75	66	0,66
0,74	135	91	74	67,5	0,675
0,72	139	96,5	72	69,5	0,695
0,70	143	102	70	71,5	0,715
0,68	147	108	68	73,5	0,735
0,66	152	114	66	75	0,75
0,65	154	117	65	76	0,76
0,64	156,5	120	64	77	0,77
0,62	161,5	126	62	78,5	0,785
0,60	167	133,5	60	80	0,80
0,58	172,5	140	58	81,5	0,815
0,56	179	148	56	83	0,83
0,55	182	152	55	83,5	0,835
0,54	185	156	54	84	0,84
0,52	192,5	164	52	85,5	0,855
0,50	200	173	50	86,5	0,865

Rundfunkfrequenzen und Wellenbereiche

Bezeichnung	Ab-kürzung	Frequenzbereich		Wellenlänge		
		von	bis	von	bis	
Langwellen	LW	150 kHz	285 kHz	2000 m	1050 m	
Mittelwellen	MW	535 kHz	1,605 MHz	560 m	189 m	Ton-Rundfunk
Kurzwellen	KW	5,95 MHz	26,1 MHz	50,0 m	11,5 m	
Ultrakurzwellen (Bereich II)	UKW	87,5 MHz	104 MHz	3,43 m	2,88 m	
Bereich I	VHF	47,0 MHz	68,0 MHz	6,38 m	4,41 m	
Bereich III	VHF	174 MHz	230 MHz	1,725 m	1,305 m	Fernseh-Rundfunk
Bereich IV/V	UHF	470 MHz	790 MHz	63,8 cm	38,0 cm	
Bereich VI	SHF	11,7 GHz	12,7 GHz	2,80 cm	2,36 cm	

Das griechische Alphabet

A α Alpha	B β Beta	Γ γ Gamma	Δ δ Delta	E ε Epsilon
Z ζ Zeta	H η Eta	Θ θ Theta	I ι Iota	K κ Kappa
Λ λ Lambda	M μ My	N ν Ny	Ξ ξ Xi	O o Omikron
Π π Pi	P ρ Rho	Σ σ Sigma	T τ Tau	Υ υ Ypsilon
Φ φ Phi	X χ Chi	Ψ ψ Psi	Ω ω Omega	

Zahlentafel für die Werte der Zahlen von 1—100

1 … 50

$d \cdot \pi$	$\dfrac{d^2 \cdot \pi}{4}$	d oder n	n^2	$\sqrt{n}$	$\sqrt[3]{n}$
3,142	0,7854	1	1	1,0000	1,0000
6,283	3,1416	2	4	1,4142	1,2599
9,425	7,0686	3	9	1,7321	1,4422
12,566	12,566	4	16	2,0000	1,5874
15,708	19,635	5	25	2,2361	1,7100
18,850	28,274	6	36	2,4495	1,8171
21,991	38,4845	7	49	2,6458	1,9129
25,133	50,2655	8	64	2,8284	2,0000
28,274	63,6173	9	81	3,0000	2,0801
31,416	78,5398	10	100	3,1623	2,1544
34,558	95,0332	11	1 21	3,3166	2,2240
37,699	113,097	12	1 44	3,4641	2,2894
40,841	132,732	13	1 69	3,6056	2,3513
43,982	153,938	14	1 96	3,7417	2,4101
47,124	176,715	15	2 25	3,8730	2,4662
50,265	201,062	16	2 56	4,0000	2,5198
53,407	226,980	17	2 89	4,1231	2,5713
56,549	254,469	18	3 24	4,2426	2,6207
59,690	283,529	19	3 61	4,3589	2,6684
62,832	314,159	20	4 00	4,4721	2,7144
65,973	346,361	21	4 41	4,5826	2,7589
69,115	380,133	22	4 84	4,6904	2,8020
72,257	415,476	23	5 29	4,7958	2,8439
75,398	452,389	24	5 76	4,8990	2,8845
78,540	490,874	25	6 25	5,0000	2,9240
81,681	530,929	26	6 76	5,0990	2,9625
84,823	572,555	27	7 29	5,1962	3,0000
87,965	615,752	28	7 84	5,2915	3,0366
91,106	660,520	29	8 41	5,3852	3,0723
94,248	706,858	30	9 00	5,4772	3,1072
97,389	754,768	31	9 61	5,5678	3,1414
100,531	804,248	32	10 24	5,6569	3,1748
103,673	855,299	33	10 89	5,7446	3,2075
106,814	907,920	34	11 56	5,8310	3,2396
109,956	962,113	35	12 25	5,9161	3,2711
113,097	1017,88	36	12 96	6,0000	3,3019
116,239	1075,21	37	13 69	6,0828	3,3322
119,381	1134,11	38	14 44	6,1644	3,3620
122,522	1194,59	39	15 21	6,2450	3,3912
125,664	1256,64	40	16 00	6,3246	3,4200
128,81	1320,25	41	16 81	6,4031	3,4482
131,95	1385,44	42	17 64	6,4807	3,4760
135,09	1452,20	43	18 49	6,5574	3,5034
138,23	1520,53	44	19 36	6,6332	3,5303
141,37	1590,43	45	20 25	6,7082	3,5569
144,51	1661,90	46	21 16	6,7823	3,5830
147,65	1734,94	47	22 09	6,8557	3,6088
150,80	1809,56	48	23 04	6,9282	3,6342
153,94	1885,74	49	24 01	7,0000	3,6593
157,08	1963,50	50	25 00	7,0711	3,6840

51 … 100

$d \cdot \pi$	$\dfrac{d^2 \cdot \pi}{4}$	d oder n	n^2	$\sqrt{n}$	$\sqrt[3]{n}$
160,22	2042,82	51	26 01	7,1414	3,7084
163,36	2123,72	52	27 04	7,2111	3,7325
166,50	2206,18	53	28 09	7,2801	3,7563
169,65	2290,22	54	29 16	7,3485	3,7798
172,79	2375,83	55	30 25	7,4162	3,8030
175,93	2463,01	56	31 36	7,4833	3,8259
179,07	2551,76	57	32 49	7,5498	3,8485
182,21	2642,08	58	33 64	7,6158	3,8709
185,35	2733,97	59	34 81	7,6811	3,8930
188,50	2827,43	60	36 00	7,7460	3,9149
191,64	2922,47	61	37 21	7,8102	3,9365
194,78	3019,07	62	38 44	7,8740	3,9579
197,92	3117,25	63	39 69	7,9373	3,9791
201,06	3216,99	64	40 96	8,0000	4,0000
204,20	3318,31	65	42 25	8,0623	4,0207
207,35	3421,19	66	43 56	8,1240	4,0412
210,49	3525,65	67	44 89	8,1854	4,0615
213,63	3631,68	68	46 24	8,2462	4,0817
216,77	3739,28	69	47 61	8,3066	4,1016
219,91	3848,45	70	49 00	8,3666	4,1213
223,05	3959,19	71	50 41	8,4261	4,1408
226,19	4071,50	72	51 84	8,4853	4,1602
229,34	4185,39	73	53 29	8,5440	4,1793
232,48	4300,84	74	54 76	8,6023	4,1983
235,62	4417,86	75	56 25	8,6603	4,2172
238,76	4536,46	76	57 76	8,7178	4,2358
241,90	4656,63	77	59 29	8,7750	4,2543
245,04	4778,36	78	60 84	8,8318	4,2727
248,19	4901,67	79	62 41	8,8882	4,2908
251,33	5026,55	80	64 00	8,9443	4,3089
254,47	5153,00	81	65 61	9,0000	4,3267
257,61	5281,02	82	67 24	9,0554	4,3445
260,75	5410,61	83	68 89	9,1104	4,3621
263,89	5541,77	84	70 56	9,1652	4,3795
267,04	5674,50	85	72 25	9,2195	4,3968
270,18	5808,80	86	73 96	9,2736	4,4140
273,32	5944,68	87	75 69	9,3274	4,4310
276,46	6082,12	88	77 44	9,3808	4,4480
279,60	6221,14	89	79 21	9,4340	4,4647
282,74	6361,73	90	81 00	9,4868	4,4814
285,88	6503,88	91	82 81	9,5394	4,4979
289,03	6647,61	92	84 64	9,5917	4,5144
292,17	6792,91	93	86 49	9,6437	4,5307
295,31	6939,78	94	88 36	9,6954	4,5468
298,45	7088,22	95	90 25	9,7468	4,5629
301,59	7238,23	96	92 16	9,7980	4,5789
304,73	7389,81	97	94 09	9,8489	4,5947
307,88	7542,96	98	96 04	9,8995	4,6104
311,02	7697,69	99	98 01	9,9499	4,6261
314,16	7853,98	100	10000	10,0000	4,6416

Teil III

Schaltzeichen

als Ergänzung zur Formelsammlung für Elektroberufe

Dähmlow Verlag

Schaltzeichen aus der Elektrotechnik

Schaltzeichen	Benennung	Schaltzeichen	Benennung
	Widerstand (allgemein, bevorzugte Form)		Widerstand, stufig einstellbar, z.B. in 4 Stufen
	Widerstand (allgemein, andere Form)		Spannungsabhängiger Widerstand mit nichtlinearer Kennlinie; Widerstandsänderung gegensinnig der Spannungsänderung, z.B. VDR
	Widerstand, veränderbar (durch mechanische Verstellung bei Benutzung des Gerätes)		Induktivität, Spule (allgemein, bevorzugte Form) Induktivität der Spule (allgemein, andere Form)
	Widerstand, stetig veränderbar, nichtlineare Kennlinie		Kondensator, allgemein, bevorzugte Form gepolt, andere Form
	Widerstand, einstellbar (z.B. zum Ausgleich von Toleranzen bei Fertigung und Wartung)		Tastschalter mit Schließer, handbetätigt, allgemein

Schaltzeichen aus der Elektrotechnik

Schaltzeichen	Benennung	Schaltzeichen	Benennung
E--⌐	Tastschalter mit Öffner, handbetätigt durch Drücken		mit Angabe einer wirksamen Wicklung
⌐I	Wechsler		gepoltes Relais mit Dauermagnet
	Elektromechanischer Antrieb mit selbsttätigem Rückgang und mit Ansprechverzögerung, allgemein, z.B. Relais, Schütz		Wechselstromrelais
⊠	Eletromechanischer Antrieb mit selbsttätigem Rückgang und mit Ansprechverzögerung		Remanenzrelais
■	Elektromechanischer Antrieb mit selbsttätigem Rückgang und mit Rückfallverzögerung	⇑	Elektrom. Antrieb mit selbsttätigem Rückgang, erregt dargestellt

Teil III

Schaltzeichen aus der Elektrotechnik

Schaltzeichen	Benennung	Schaltzeichen	Benennung
	Elektromech. Antrieb mit zwei Schaltstellungen (wahlweise Darstellungen)		Türöffner mehrpolige Darstellung
	Schütz bzw. Relais mit einem Schließer und einem Öffner		Wecker, allgemein
	Stromstoßrelais (wahlweise Darstellungen)		Gleichstromwecker
			Wechselstromwecker
			Spannungsmesser
	Elektromagnetisch betätigtes Ventil (Magnetventil geöffnet dargestellt)		Strommesser
			Leistungsmesser

Schaltzeichen aus der Elektrotechnik

Schaltzeichen	Benennung	Schaltzeichen	Benennung
⊤	Antenne	◁	Lautsprecher
⊣⊢	Element, Batterie	◁	Hupe, Horn
⏚	Erde, allgemein		
⊥	Masse, allgemein		
✕	Leuchte, allgemein		
⊗	Meldeleuchte, Signallampe		

Schaltzeichen aus der Elektronik

Schaltzeichen	Benennung	Schaltzeichen	Benennung
	Halbleiterdiode, allgemein (Gleichrichter)		Zweirichtungs-Diode (DIAC)
	Z-Diode		Zweirichtungs-Thyristortriode (TRIAC)
	Leuchtdiode		Bipolare Transistoren: PNP-Transistor NPN-Transistor
	Zweirichtungs-Thyristordiode		1) Umrahmung nur dann verwenden, wenn der Kollektor mit dem Gehäuse verbunden ist.
	Thyristoren: Thyristor, allgemein rückwärts sperrende Thyristordiode, kathodenseitig steuerbar rückwärts sperrende Thyristordiode, anodenseitig steuerbar		Sperrschicht-Feldeffekt-Transistor: mit N-Kanal mit P-Kanal

Schaltzeichen aus der Digitaltechnik

Schaltzeichen	Benennung	Schaltzeichen	Benennung
	Konturen für binäre Elemente (Digitalschaltungen) Anmerkung: Das Seitenverhältnis der Konturen ist nach Norm beliebig		Verzögerungselement mit Angabe der Verzögerungszeiten
			Dynamischer Eingang mit Negation
a) UND-Element b) ODER-Element c) NOR-Element d) NICHT-Element e) Exklusiv-ODER-Element f) NAND-Element	a) UND-Element b) ODER-Element c) NOR-Element d) NICHT-Element e) Exklusiv-ODER-Element f) NAND-Element		a) Monostabiles Kippglied, nachtriggerbar während des Ausgangsimpulses b) Monostabiles Kippglied; nicht nachtriggerbar; invertierter dynm. Eingang c) Astabiles Kippglied (Taktgenerator) d) Schmitt-Trigger e) Signalumformer, allgemein f) Analog/Digitalumformer

Teil III

Schaltzeichen aus der Digitaltechnik

Schaltzeichen	Benennung	Schaltzeichen	Benennung
a) S, R b) S I=0, R c) S1 1, R 1 d) S 1, R1 1 e) 1S, C1, 1R f) 1D, C1 g) 1J, >C1, 1K h) >T	Bistabile Kippglieder a) RS-Kippglied b) desgleichen, mit Anfangszustand 0 beim Einschalten der Versorgungsspannung c) RS-Kippglied mit dominierendem S-Eingang d) RS-Kippglied mit dominierendem R-Eingang e) RS-Kippglied, taktzustandsgesteuert f) D-Kippglied, taktzustandsgesteuert g) JK-Kippglied, einflankengesteuert h) T-Kippglied, Binärteiler	(IC Schaltzeichen)	Integrierte Schaltung (IC)
		(Operationsverstärker Schaltzeichen) ▷∞	Differenzverstärker mit sehr hoher Verstärkung, Operationsverstärker
		(Verstärker Schaltzeichen) ▷	Verstärker, allgemein Anmerkung: Die Dreiecksspitze zeigt in Richtung der Übertragung (Verstärkungsrichtung)
		(Invertierender Verstärker) ▷1	Invertierender Verstärker, Verstärker mit einem Verstärkerfaktor von 1
		(NAND Schaltzeichen) & ◇	NAND mit offenem Kollektor-Ausgang (z.B. SN 7403)

Symbole aus der SPS-Technik

Schaltzeichen	Benennung	Schaltzeichen	Benennung
	UND		Exklusiv-ODER
	ODER	---( )---	Zuweisung
---|/E---	NEGATION am Eingang	---(s)---	Setzen
---(/)---	NEGATION am Ausgang	---(R)---	Rücksetzen

Schaltzeichen aus der SPS-Technik

Schaltzeichen	Benennung	Schaltzeichen	Benennung
Hinweis zu den Symbolen für den Funktionsplan (FUP) in der »SPS-Technik« Häufig reicht der Platz für die Darstellung umfangreicher Funktionspläne dann nicht aus, wenn für normgemäßen Schaltzeichen nach DIN verwendet werden. Aus diesem Grunde werden Beispiele für Schaltzeichen vorgestellt, die im Funktionsplan bei Platzmangel verwendet werden können.			
	UND		Einschaltverzögerung
	UND		Impulsglied
	NICHT		Codeumsetzer BIN/DEC (Binär/Dezimal)
	Zeitglied		RS-Speicherglied mit dominierendem Rücksetzen

Schaltzeichen aus der Installations- und Energietechnik

Schaltzeichen	Benennung	Schaltzeichen	Benennung
	Installationsschalter, Schalter 1/1, Ausschalter, einpolig		Installationsschalter, Schalter 7/1, Kreuzschalter, einpolig
	Installationsschalter, Schalter 1/1, Ausschalter, einpolig, mit Kontrolllampe		Tastschalter, Taster
	Installationsschalter, Schalter 1/2, Ausschalter, zweipolig		Tastschalter mit Leuchte
	Installationsschalter, Schalter 5/1, Serienschalter, einpolig		Abzweigdose
	Installationsschalter, Schalter 6/1, Wechselschalter, einpolig		Mehrfachschutzkontaktsteckdose, dargestellt als Dreifachsteckdose, Form 1

Schaltzeichen aus der Installations- und Energietechnik

Schaltzeichen	Benennung	Schaltzeichen	Benennung
⊥	Schutzkontaktsteckdose	──── ○ ──── ──── (†) ────	Leiter im Elektro-installationsrohr Isolierter Leiter für trockene Räume
⊥	Fernmeldesteckdose, allgemein	──── / ────	Neutralleiter (N)
──── ═ ═ ⊓ ⊓ ⊬ ⊬ ⊓ ⊓	Leiter, allgemein unterirdische Leiter, z.B. Erdkabel Leiter auf Putz Leiter im Putz Leiter unter Putz	──── ⊤ ──── ──── ⊤ ────	Schutzleiter (PE) Neutralleiter mit Schutzfunktion (PEN)
		●─── oder ───⊤	Leitungsverbindung Leitungsverzweigung

Schaltzeichen aus der Installations- und Energietechnik

Schaltzeichen	Benennung	Schaltzeichen	Benennung
	Leiteranzahl: Leitung mit 3 Leitern desgleichen, vereinfachte Darstellung		Dreipoliger Schloßschalter mit elektrothermischem und elektromagnetischem Überstromauslöser (z.B. Motorschutzschalter)
	Überstromschutz: einpolige Darstellung Dreipoliger Schloßschalter mit elektrothermischem Überstromauslöser Dreipoliges Schütz mit elektrothermischem Überstromrelais		Überstromschutz: mehrpolige Darstellung Dreipoliger Schloßschalter mit elektrothermischem Überstromauslöser Dreipoliges Schütz mit elektrothermischem Überstromrelais Dreipoliger Schloßschalter mit elektrothermischem und elektromagnetischem Überstromauslöser (z.B. Motorschutzschalter)

Teil III

Schaltzeichen aus der Installations- und Energietechnik

Schaltzeichen	Benennung	Schaltzeichen	Benennung
	Reihenklemmen: mit fester Verbindung mit lösbarer Verbindung		Leuchte mit z.B. 5 Leuchtstofflampen
	Drehstrommotor mit Käfigläufer, Ständerwicklung in Dreieckschaltung	a) b) c) d) e) f)	Elektro-Hausgeräte a) Elektrogerät, allgemein b) Elektroherd c) Mikrowellenherd d) Heißwasserspeicher e) Waschmaschine f) Geschirrspülmaschine
	Einphasen-Wechselstromzähler		
	Einphasen-Transformator 2 getrennte Wicklungen		

Sinnbilder für Programmablaufpläne

Sinnbild	Benennung	Sinnbild	Benennung
	Verarbeitung, Verarbeitungseinheit (in 2 Größen)		Unterbrechung einer anderen Verarbeitung
	Verzweigung, Auswahleinheit (in 2 Größen)		Sprung ohne Rückkehr
	Schleifenbegrenzung, Anfang (in 2 Größen)		Steuerung der Verarbeitungsfolge von außen
	Daten, allgemein Datenträgereinheit, allgemein (in 2 Größen)		Verbindung zur Darstellung der Datenübertragung
	Grenzstelle, Beginn, Ende		Bemerkung (erläuternder Text zu den Sinnbildern für Programmablaufpläne) in 3 Größen
	Verbindungsstelle		Klammern zur Kennzeichnung von zusammengehörenden Programmabschnitten (in 2 Größen)

Kennzeichnung elektrischer Betriebsmittel

Kennzeichnungsblock „Art, Zählnummer, Funktion"

Beispiel: Kennzeichnung eines Prüftasters

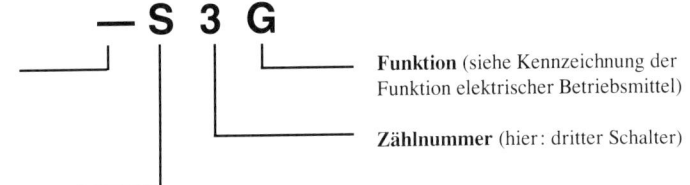

Vorzeichen
Vorzeichen können entfallen, wenn eine Verwechslung des Kennzeichnungsblockes unmöglich ist!

Betriebsmittelart
(siehe Kennbuchstaben für die Betriebsmittelart)

Funktion (siehe Kennzeichnung der Funktion elektrischer Betriebsmittel)

Zählnummer (hier: dritter Schalter)

Kennbuchstaben für die Betriebsmittelart

Kenn-buchstabe	Art des Betriebsmittels	Beispiele
A	Baugruppen, Teilbaugruppen	Gerätekombinationen, Einsätze, Einschübe, Steckkarten
B	Umsetzer nichtelektrischer Größen auf elektr. Größen und umgekehrt	Meßumformer, Thermozellen, Fotozellen, Hallsonden, Mikrofon, Tonabnehmer, Lautsprecher, Dynamometer, Tachogenerator
C	Kondensatoren	Entstörkondensatoren, Kompensationskondensatoren
D	Binäre Elemente, Verzögerungs- und Speicherelemente	Verknüpfungsglieder, bistabile und monostabile Elemente, Zeitglieder, Speicher, Register
E	Verschiedenes	Beleuchtungen, Heizungen, sonstige Einrichtungen
F	Schutzeinrichtungen	Sicherungen, Leitungsschutzschalter, Schutzrelais, Wächter, Auslöser, Fliehkraftschalter, Überspannungsableiter
G	Generatoren, Stromversorgungen	Generatoren, Netzgeräte, Stromrichtergeräte, Ladegeräte, Batterien, Oszillatoren, Taktgeneratoren
H	Meldeeinrichtungen	Optische und akustische Meldegeräte
K	Relais, Schütze	Leistungsschütze, Hilfsschütze, Hilfsrelais, Zeitrelais, Blinkrelais
L	Induktivitäten	Drosselspulen
M	Motoren	Motoren aller Art
N	Verstärker, Regler	Verstärker mit Röhren oder Transistoren, Einrichtungen der analogen Steuerungs- und Regelungstechnik

Kennbuchstaben für die Betriebsmittelart

Kenn-buchstabe	Art des Betriebsmittels	Beispiele
P	Meßgeräte, Prüfeinrichtungen	Anzeigende, schreibende und zählende Meßgeräte, Uhren, Impulsgeber
Q	Starkstrom-Schaltgeräte	Leistungsschalter, Trennschalter, Installationsschalter, Motorschutz-schalter, Schalter im Hauptstromkreis
R	Widerstände	Stellwiderstände, Potentiometer, NTC-, PTC-Widerstände
S	Schalter, Wähler	Schalter im Steuerstromkreis, Tastschalter, Endschalter, Drehwähler
T	Transformatoren	Transformatoren aller Art, Stromwandler, Spannungswandler, Übertrager
U	Modulatoren, Umsetzer von elektr. Größen in andere elektr. Größen	Frequenzwandler, Wechselrichter, Inverter, Kodiereinrichtungen, Analog-Digital-Umsetzer, Digital-Analog-Umsetzer
V	Röhren, Halbleiter	Elektronenröhren, Gasentladungsröhren, Dioden, Transistoren, Thyristoren, Triac's
W	Übertragungswege, Hohlleiter, Antennen	Schaltdrähte, Kabel, Sammelschienen, Hohlleiter, Dipole
X	Klemmen, Stecker, Steckdosen	Trennstecker, Trennsteckdosen, Prüfstecker, Meßbuchsen, Klemmenleisten, Lötleisten
Y	Elektrisch betätigte mechanische Einrichtungen	Bremsen, Kupplungen, Ventile, Stellantriebe, Bremslüfter, Türöffner
Z	Abschlüsse, Filter, Begrenzer	Kabelnachbildungen, aktive Filter, Siebketten, Funkentstöreinrichtungen

Kennzeichnung der Funktion elektrischer Betriebsmittel

	Allgemeine Funktion
A	Hilfsfunktion, Funktion „Aus"
C	Zählung
E	Funktion „Ein"
F	Schutz
G	Prüfung
H	Meldung
K	Tastbetrieb
L	Leiterkennzeichnung
M	Hauptfunktion
N	Messung
R	Rückstellen, löschen
S	Speichern, aufzeichnen
T	Zeitmessung, verzögern
Y	Analog
Z	Digital

Teil IV

BASIC®-Befehlsübersicht
MS-DOS®-Befehlsübersicht

als Ergänzung zur Formelsammlung für Elektroberufe

Dähmlow Verlag

GW-BASIC® Befehlsübersicht

beabsichtigte Maßnahme	BASIC-Anweisung
GW-BASIC laden	GWBASIC.EXE oder GWBASIC
GW-BASIC beenden	SYSTEM
Eingabe beenden	[RETURN] (↵)
Programm sichern	SAVE ''Laufwerk : Programmname'' oder z.B. [F7]
Programm laden	LOAD ''Laufwerk : Programmname'' oder z.B. [F6]
Programm starten	RUN ''Laufwerk : Programmname'' oder Funktionstaste zum Start eines mit ''LOAD...'' oder [F6] geladenen Programmes
Programm auflisten	LIST oder Funktionstaste [F1] zum Listen eines mit ''LOAD...'' oder [F6] geladenen Programmes
Programm löschen	KILL ''Laufwerk : Programmname. Typ''

GW-BASIC® Befehlsübersicht

Bildschirm löschen	CLS oder [CTRL] [HOME] bzw. [Strg] [Pos 1]
Arbeitsspeicher löschen	NEW
Programmzeile(n) löschen	DELETE Anfangsnummer — Endnummer
Programmzeile(n) anzeigen	LIST Anfangsnummer — Endnummer
Wertzuweisung an eine Variable	LET X = ...
Eingabeanweisung in einem Programm für die Variable X	INPUT X
Anzeige des Variablenwertes X in einem Programm	PRINT X oder ? X
bedingte Verzweigung	IF ... THEN ... ELSE
Verzweigung mehrfach	ON ... GOTO
Mehrfachverzweigung — Unterprogramm	ON ... GOSUB

GW-BASIC® Befehlsübersicht

Programmschleife (zählergesteuert)	FOR ... NEXT
Programmkommentar	REM
Programmzeilen umnumerieren z.B. Zeile Nr. 20 erhält Nr. 10	RENUM 10,20
Addition	+
Subtraktion	—
Multiplikation	✳
Division	/
Potenzieren	∧ (z.B. mm ∧ 2)
Quadratwurzel	SQR (...)
Zehnerpotenzen	E (z.B. 3 E—6 für $3 \cdot 10^{-6}$)

GW-BASIC®

Einfaches Programmbeispiel

```
10  REM     Programm berechnet Leitungswiderstände
20  PRINT   "Leitungslänge (in m)"
30  INPUT   L
35  IF L < 0 THEN GOTO 20 ELSE 40
40  PRINT   "Leitungsquerschnitt (mm ∧ 2)"
50  INPUT   A
55  IF A < 0 THEN GOTO 40 ELSE 60
60  LET RHO = 0.0178
70  LET R = (L ✳ RHO) / A
80  PRINT "Leitungswiderstand in Ohm"
90  PRINT R
100 END
```

MS-DOS® Befehlsübersicht

Hinweis: __ symbolisiert ein Leerzeichen (blank)	
Inhaltsverzeichnis anzeigen	DIR ; DIR/W ; DIR/P
Unterverzeichnis anlegen	MD__Name des Verzeichnisses
Leeres Unterverzeichnis löschen	RD__Name des Verzeichnisses
In ein Unterverzeichnis verzweigen	CD \ Name des Vorzeichnisses
Zurück in das Hauptverzeichnis gehen	CD ..
Diskette formatieren, z.B. in Laufwerk A	FORMAT__A:
Disketteninhalt kopieren, z.B. von Laufwerk B nach Laufwerk A	DISKCOPY B:__A:
Disketteninhalt löschen, z.B. auf Laufwerk A	DEL__A:
Bildschirm löschen	CLS
Datei kopieren, z.B. von Laufwerk A nach Laufwerk B mit gleichen Namen	COPY A: Name 1__B:

MS-DOS® Befehlsübersicht

beabsichtigte Maßnahme	MS DOS-Befehl
Datei kopieren, z.B. von Laufwerk A nach Laufwerk B mit neu vergebenem Namen	COPY A: Name 1__B: Name 2 (neu)
Datei löschen, z.B. Datei "TEST" auf Laufwerk A	ERASE__A:TEST
Dateinamen ändern, z.B. von "TEST1" in "TEST2"	REN__TEST1TEST2
Stapeldatei (Batchdatei) anzeigen	TYPE__AUTOEXEC.BAT
Stapeldateien (Batchdateien) editieren	EDLIN__AUTOEXEC.BAT
Nach EDLIN-Aufruf: Stapeldatei listen	* L (L für LIST)
Zeile einfügen, z.B. zwischen Zeile 1 und 2	2i (i für INSERT)
Einfügen beenden	[CTRL]-Z oder [F6]
Zeile löschen, z.B. Zeile 3	3d (d für DELETE)

MS-DOS® Befehlsübersicht

beabsichtigte Maßnahme	MS DOS-Befehl
Zeilen löschen	4, 7d
Editieren abbrechen, ohne die Änderungen zu speichern	q (für QUIT)
Editieren beenden mit Speicherung der Änderungen	e (für END)
	Achtung: Geänderte Datei wird auf das Standardlaufwerk oder auf das Laufwerk geschrieben, das beim Start von EDLIN angegeben wurde. Ursprungsdatei wird in Dateiextension .BAK umbenannt und kann durch EDLIN **ohne** Umbenennung **nicht** mehr bearbeitet werden.